오늘의 기후

오늘의 기후

기후 렌즈를 끼고 바라본
지구촌 풍경

노광준 지음

루아크
RUACH

하늘이 무너져도 기회는 온다

몇 해 전만 해도 나는 기후변화 문제에 무심한 사람이었다. 기후 문제는 내 일이 아닌 남의 일일 뿐이었다. 이를테면 이런 식이다.

"북극곰 너만 힘드냐? 나도 힘들다."

이랬던 내가 지금은 몰라보게 달라졌다. 아침에 눈을 뜨면 기후와 관련된 검색부터 한다. 일주일에 3~4편 글을 써서 기고도 하고 레터도 보내고 이렇게 책까지 쓴다. 기후 전문 라디오방송도 준비하고 있다. 불과 3년 사이에 바뀐 것이다. 무슨 일이 있었을까? 이야기는 2019년 늦가을부터 시작된다.

2019년 11월 5일 화요일 아침, 나는 카톡으로 한 통의 문서를 받았다. 해고 통지였다. '이러저러해서 당신을 해고한다'는 단 몇 줄의 문장으로 19년 5개월간 쌓았던 라디오 피디 경력이 끝나버렸다. 노트북과 함께 사원증도 반납했다. 사원증 안에는 드디어 방송국 피디가 되었다며 해맑게 웃고 있던 젊은 날의 내 얼굴이 박혀 있었다. 다리가 풀렸다. 그들이 끝내 해고하리라는 걸 짐작하고 있었지만, 그럴 경우 어떻게 대처해야 한다는 것도 알고 있었지만, 막상 통지를 받으니 온몸의 기운이 쭈욱 빠지며 다리가 풀렸다.

"오늘 해고되었습니다."

나는 나에 관한 글을 쓰며 마음을 다잡았다. 호랑이굴에 들어가도 정신만 차리면 살 수 있다는 각오로 스스로를 객관화시켜 차분하게 대처했다. 그 결과 177일 만에 부당해고 판정을 받고 복귀할 수 있었다. 그러나 기쁨도 잠시, 휴일 빼고 딱 사흘 일하고 다시 해고되었다. 방송국이 아예 문을 닫아버렸기 때문이다. 자진 폐업. 나를 비롯해 100여 명이 길거리로 쫓겨났다. 답이 보이지 않았다. 한숨부터 나왔다.

'이제 어떡하지?'

내 나이 쉰하나였다. 요즘 같은 시대에 다시 방송국이 생기는 것도 쉬운 일이 아니지만, 그 방송국이 나를 뽑아줄지도 알 수 없었다. 마치 끝이 보이지 않는 터널 속을 걷는 것 같았다. 답답하고 불안했다.

'이래서 어르신들이 문과면 법대 가고 이과면 의대 가라고 하셨구나.'

난생처음 '사' 자로 끝나는 직업이 부러웠다. 검사는 잘리면 변호사가 되곤 하지만 피디는 잘리면 곧바로 '전' 자가 붙는다. 전직 피디, 아무것도 아니라는 뜻이다. 늦었지만 로스쿨 공부를 해볼까 하는 마음도 들었다. 한데 가망이 없어 보였다. 학점도 좋지 않았고, 깨알 글씨 보는 것도 힘에 겨웠다.

'쿼바디스…. 어디로 가야 하나?'

혼자서 밤하늘의 북극성을 찾아보며 묻고 또 물었다. 다행히 고마운 분들 덕에 당장의 밥벌이는 할 수 있었지만 앞으로가 걱정이었다. 자고 일어나면 획획 바뀌는 변화무쌍한 시대에 도대체 뭘 해야 쓸모 있는 사람이 될지, 그 풀리지 않는 고민을 안고 신분당선을 타고 집과 일터만 오갈 무렵 2020년 겨울이 왔다. 그때 기후로부터 교신이 들어왔다. 첫 교신은 이랬다.

"넷플릭스 다큐멘터리 한 편 추천한다. 제목은 〈대지에 입맞춤을Kiss the Ground〉이야."

존경하는 선배의 문자였다. 워낙 내공 있는 분이기에 무조건 봐야 한다는 생각이었다. 그런데 제목이 영 땡기지 않았다.

'대지에 입을 맞추자고? 내 코가 석잔데 웬 환경 다큐?'

이내 보지 않았다. 백수 주제에 환경 다큐나 보고 있는 처지가 한심해 보였기 때문이다. 그렇게 보름 정도 지났을까. 기후로부터 두 번째 교신이 들어왔다.

"봤니?"

헉, 이번에는 도저히 넘어갈 수 없었다. 조만간 그 선배를 봐야 했기에 사회생활 차원에서라도 두 번이나 추천한 그 다큐를 한 번은 봐줘야 했다.

그렇게 다큐멘터리를 보기 시작했다. 아마 크리스마스 전날 밤이었을 거다. 그런데 인생은 참 요지경이다. 울며 겨자 먹기로 본 다큐가 뜻밖에 인생 영화가 될 줄이야. 앞부분을 보다가 부엌에 있던 아내를 불렀다.

"이것 좀 같이 보자. 신박하네."

영문도 모르고 내 옆에 앉은 아내도 이내 빠져들었다. 엔딩 크레딧이 다 올라갈 때까지 우리는 멍하니 앉아 있었다.

다큐멘터리 내용은 간단명료했지만 심오했다. 인간의 산업 활동으로 과도하게 배출된 이산화탄소는 길게는 200년간 대기 중에 떠돌면서 지구의 온도를 높여 이상기후와 재난을 초래한다. 당장 내일부터 탄소 배출을 멈춘다 하더라도 100년 전 배출된 탄소들이 여전히 재앙을 초래하는 셈이다. 이처럼 처치 곤란한 과량의 탄소를 흡수하는 게 나무를 비롯한 녹색 식물이다. 식물은 광합성 작용을 통해 이산화탄소를 흡수해 에너지를 만드는데, 쓰고 남은 탄소를 저장해두는 '탄소 저장소'가 바로 우리가 매일 밟고 서 있는 토양이다. 흙 속에는 토양 1그램당 100억 마리가량의 토양미생물이 사는데, 미생물과 식물 뿌리가 공생하면서 땅속에 탄소들을 잡아둔다. 만일 우리가 이들의 활동을 도와 흙 속에 더 많은 탄소를 잡아둘 수 있게 한다면 우리는 전 지구적 기후재앙을 막는 강력한 무기를 갖게 되는 셈이다. 반대로 지금처럼 숲을 파괴하고 농약과 비료로 토양미생물을 죽이고 사막화, 도시화를 계속한다면 오히려 그동안 땅속에 저장되어온 탄소들까지 공기 중으로 배출돼 더 큰 재앙에 직면하게 된다는 내용이었다.

나는 다큐를 통해 소중한 선물을 얻었다. 바로 '기후 렌즈'였다. 기후라는 이름의 렌즈를 끼고 세상을 봤더니 흔히 보던 사물이 달리 보였다. 나무와 숲과 녹색 식물들이 그렇게 고마울 수 없었다. 지금껏 인류가 개발한 그 어떤 탄소포집장치보다 더 많은 양의 탄소를 묵묵히 흡수하고 있으니.

토양이 달리 보였다. 나는 대학원에서 토양을 연구했다. 폐광산 주변 농경지의 중금속 오염 여부를 조사했는데, 그때 분석한 무거운 흙덩어리들이 지구를 구할 엄청난 무기였다니…. 왜 그때는 몰랐을까.

농민과 먹거리가 달리 보였다. 토양 내 탄소축적량을 매년 0.4%씩만 늘려도 기후변화를 초래하는 탄소 배출량 대부분을 흡수·저장할 수 있다는 게 지난 2015년 파리기후변화협약 당시 출범한 토양 이니셔티브의 내용이다. 정성껏 토양을 관리하는 탄소 농민이 곧 지구방위군이고, 이들이 생산한 친환경(또는 탄소 농법) 농산물을 안정적으로 소비해주는 도시 소비자들이야말로 지구방위군의 든든한 후원자들이다. 우리 식습관이 지구를 지키는 훌륭한 실천인 셈이다.

왜 이런 내용을 포털 첫 화면이나 신문, 방송에서 찾아보기 힘든 걸까. 그제야 내가 해야 할 일이 보였다.

'토양, 먹거리 그리고 저널리즘.'

나는 농화학과를 나와 토양학을 연구했고 방송과 저널리즘 분야에서 오랫동안 일해왔다. 기후 렌즈를 끼고 보니 하나같이 소중한 경력들이었다. 기후 저널리스트가 되어 토양과 나무와 바이오와 먹거리에 전문성을 가지고 파고들다 보면 나도 제법 쓸모있는 사람이 되지 않을까 싶어 가슴이 뛰기 시작했다.

2021년 새해가 밝을 무렵 아침에 눈을 뜨면 기후 뉴스를 검색한다는 루틴을 세우고 그대로 실천했다. 뜻밖에 기후 관련 뉴스가 정말 많았다. 번역기의 힘을 빌려 외신까지 두루 살피다 보니 매일매일 한 권 분량의 잡지를 보는 듯 흥미로웠다. 핵심만 간단히 요약해봤다. 20년간 방송하며 몸에 밴 게 짧게 요약해 일목요연하게 정리하는 습관이다. 그리고 거기에 제목을 붙였다. 직관적으로.

"오늘의 기후."

사람들이 오늘 날씨에 관심을 갖는 것처럼 기후 이슈도 매일 자연스러운 일상으로 받아들였으면 좋겠다는 바람이자 스스로에 대한 다짐이었다.

몇몇 친구에게 스크랩한 내용을 매일 카톡으로 보내봤다. 그중 고마워하며 좋아하는 이도 있었다. 쓸모 있음을 확인한 게 얼마 만이던가. 내친김에 기사를 직접 써봤다. 스크랩을 매일 하다 보니 이슈가 보였고, 특정 이슈를 파고드니 이야기가 넘쳐 흘렀기 때문이다.

그렇게 "내일의 기후"라는 제목으로 한 플랫폼에 연재를 시작했다. 주로 기후 렌즈를 끼고 다시 본 일상의 소재들에 관해서였다. 그 기사를 토대로 이 책이 나올 수 있었다.

지금은 매일 아침 뉴스레터를 만들어 구독자들께 주기적으로 발송하고 있다. 부족한 게 너무 많은데 꾸준히 구독해주시는 분들께 매일매일 감사하고 있다.

2022년 9월 1일부터 방송국에 복귀했다. 3년간 정파된 경기인천 지상파 라디오 채널의 새로운 사업자로 승인된 FM 99.9 MHz OBS 라디오의 피디로 개국 프로그램을 준비하고 있다. 그 프로그램의 제목은 다름 아닌 "오늘의 기후"다. 우리는 이 프로그램을 월요일부터 일요일까지 매일 한 시간씩 방송하는 지상파 라디오 초유의 기후 전문 프로그램으로 준비하고 있고, 수도권 청취자들의 선택을 받을 수 있도록 최선을 다할 생각이다.

'기후변화는 북극곰이 아닌 나의 일상이며, 절망이 아닌 희망의 메시지가 될 수 있다.'

나는 끝 모를 어둠의 터널에서 '기후'라는 오늘의 위기이자 내일의 할 일을 발견했다. 그 길 위에서 더이상 쓸모없어 보이던 경력을 무기로 좋은 분들과 새로운 일을 도모할 수 있었다. 아직은 의욕에 비해 능력이 따라주지 못하지만 걱정하지는 않는다. 내가 가려는 이 길은 이제 시작에 불과하기 때문이다.

이 책은 이제 막 기후 렌즈를 끼고 세상을 다시 보기 시작한 기후 초심자의 글이다. 전문적인 면에서는 아쉬운 부분이 있겠지만, 이 책이 절망 속에서 희망과 기회를 찾는 누군가에게 작은 통찰이라도 줄 수 있다면 더 바랄 게 없겠다. 기후 렌즈를 낀 더 많은 사람이 우리 사회 곳곳을 기회의 땅으로 만들어갔으면 좋겠다.

핏빛 하늘 아래 만신창이가 되어 내버려진 제가 다시 일어설 수 있도록 도와주신 타임교육 가족과 이해웅 전무님, OBS 임직원분들 그리고 이루 말할 수 없이 고마운 여러분께 이 책을 드립니다. 고맙습니다. 잊지 않겠습니다. 정진하겠습니다.

광교에서

노광준

차례

1장 기후 미스터리

2장 답을 찾는 사람들

3장 에너지 전환

4장 문명의 전환

기후 미스터리

20년 차 양봉 농민이 전하는
'꿀벌 실종사건' 전말

2022년 봄, 이상한 일이 연달아 벌어지고 있었다. 이른바 꿀벌 실종사건. 날이 풀려 겨우내 덮어놨던 벌통을 열어봤더니 텅 비어 있더라는, 미치고 펄쩍 뛸 일들이 전국 곳곳에서 발생했던 것이다. 아인슈타인이 언급했다는 '벌이 사라지면 4년 내 지구가 멸망한다'라는 말까지 함께 회자되었다. 그런데 이 일에 관해 알아보면서 내 가슴을 숙연하게 하는 말을 들었다. 벌은 절대로 집 안에서 죽지 않는다는 20년 차 양봉 농민의 말이었다.

"벌은 절대로 벌통 안에서 안 죽어. 집을 깨끗하게 유지해서 애벌레와 자기 집단을 지키려고 병에 걸리면 심지어 날개가 부러져서 기어나가더라도 밖에 나가서 조용히 죽는 거여."

농민은 내게 말했다. 이 사건은 꿀벌들이 인간에게 보내는 신호라고. 이대로는 도저히 못 견디겠다는 신호.

이 사건을 단순히 기후변화의 징후나 '세상에 이런 일이' 정도로 넘겨서는 안 되는 이유다. '꿀벌 실종사건' 이면에는 기후와 환경 변화 속에서도 국가의 체계적인 관리 없이 농민에게만 맡겨온 곤충산업 관리의 현실과 앞으로의 과제가 담겨 있다. 농민들의 인터뷰와 농촌진흥청의 조사 결과를 바탕으로 꿀벌 입장에서 이번 사건을 재구성해봤다.

2003년 부산항

불청객이 입국했다. 등검은말벌. 꿀벌을 잡아먹는 육식 곤충으로 주로 벌통 출입구 근처에서 일벌들을 포획한다. 방제가 어렵고 증식은 매우 빠르다. 농촌진흥청의 말벌 실태조사에 따르면 전체 말벌 중 등검은말벌의 비중은 2018년 49%였던 것이 일 년 뒤인 2019년에는 72%로 증가했다. 환경부는 2019년 등검은말벌을 생태계 교란종으로 지정했다. 그러나 현재까지도 완전 방제는 어려운 상황.

2009년 '꿀벌 에이즈' 창궐

백신도 치료제도 없어서 '꿀벌 에이즈'로 불리는 '낭충봉아부패병'이 창궐했다. 이 병은 벌의 애벌레가 번데기가 되기 전에 괴사시켜 벌무리(봉군)를 전멸시킨다. 재래종 꿀벌인 '토종벌'이

이 병으로 무너졌다. 2009년 38만 3418군이던 토종벌은 5년 뒤 4분의 1 수준인 9만 4383군으로 줄었다. 면역력을 갖춘 품종이 개발되었지만 토종벌의 봉군 수는 지금도 2009년의 3분의 1 수준인 13만여 군이다.

늘어나는 폭염에 길어지는 장마

불볕더위가 계속되면 곳곳에서 '벌쏘임' 사고가 많이 일어나는데, 그건 말벌들 때문이다. 꿀벌은 좁은 벌통 안에서 밀집해 생활하기에 한여름 무더운 때는 보통 벌통에서 열을 식히느라 기진맥진해 있다. 폭염에는 알도 잘 낳지 않는다. 그래서 농민들은 차광 천막을 치거나 큰 물통을 놓아 열을 식히려 한다. 그런데 한 해 평균 11일이던 폭염일수(32도 이상)가 2018년에는 35일이나 되었고 2021년에는 그보다 조금 줄기는 했지만 18일에 달했다. 장마가 길어지면 꿀벌은 활동을 못한 채 벌집 안에 몰려 스트레스를 받기 일쑤다.

병은 많은데 약이 없다

전 세계적으로 꿀벌들에게 가장 무서운 존재는 '꿀벌응애'라 불리는 1밀리미터 남짓한 진드기다. 꿀벌 몸에 기생하면서 체액을 빨아먹는데, 꿀벌들 체중이 줄고 심하면 불구가 된다. 기형 날개를 만드는 바이러스도 옮긴다. 응애를 예찰하기도 어렵지만, 더 큰 문제는 약이 없다는 거다.

"병은 많은데 치료약 내지는 구제약이 국내에서 제대로 생산된 게 단 한 가지도 없어요. 그래서 수입 약을 써요. 중국산. 중국이 양봉 강국이라 약이 많이 나오는데, 그게 검증된 것도 아니고 사용법도 잘 모른 채 쓰는 게 많아요. 게다가 그 약들을 계속 쓰다 보니 내성이 생기더라고요. 처음 쓸 때는 잘 듣고 두 번째 쓰면 조금 덜 듣고…. 그런 식으로 이제는 약을 써도 잘 듣지 않아요."(오성표 전남 고흥군 양봉협회장)

꿀이 안 나온다, 그러다 보니…

최근 2년간 꿀 생산량이 급감했다. 잦은 비와 이상저온현상으로 꿀이 안 나와도 너무 안 나왔다. 특히 지난 2020년 국내 아카시아 벌꿀 총생산량은 과거 최대 흉작을 기록했던 2014년(2592톤)보다 10.4% 감소한 2322톤이었다. 이곳저곳에서 평년의 30%밖에 꿀이 안 나온다는 목소리가 들려왔다. 그러다 보니 일부 농가에서는 꿀벌들에게 꿀 대신 인공 제조한 설탕 성분을 먹이는 사례가 생겼다. 꿀을 먹고 사는 꿀벌들이 설탕 성분으로 연명한 것이다. 면역력이 감소할 수밖에.

그리고 지난겨울

겨울인데 따뜻했다. 이상고온현상. 앞서 가을에는 너무 추웠다. 벌들이 한창 발육해야 할 가을에 온도가 낮아 잘 크지 못했다. 그런 가운데 월동에 들어간 11~12월에는 고온현상으로 꽃이 이른 시기에 개화했다. 꽃이 피자 월동 중이던 일벌들이 벌통에서 나와 화분 채집에 나섰다. 바깥 활동으로 체력을 소진한 가운데 겨울밤이 찾아왔다. 온도가 급격히 떨어지면서 힘이 빠진 일벌들이 집(벌통)으로 돌아오지 못했다.

　냉혈 곤충인 꿀벌들은 추운 겨울을 나기 위해 여왕벌을 중심으로 단단한 공 모양으로 뭉쳐 체온을 유지한다. 이를 월동 봉군(벌무리)이라고 한다. 그 단단한 공이 느슨해질수록 추위를 나기 힘들어지는데, 가장 바깥에서 추위를 견뎌주던 일벌들이 돌아오지 못하고, 일부는 말벌에게 먹히고, 번데기들은 응애에게 당하면서 봉군이 느슨해졌다.

　"강한 봉군은 단단하게 밀집해 외부 환경에 대응할 수 있지만 약한 봉군들은 민감하게 반응한다."(농촌진흥청 민관합동 조사 결과)

"벌을 키울 수 있는 환경을 만들어달라."

　참사가 벌어진 뒤 농식품부, 농촌진흥청 등은 농업경영회생자금을 마련하는 등 종합적 지원책을 추진했다. 그런데 농민은 이런 말을 했다. 양봉농가들이 진짜로 원하는 건 돈이 아니라

'벌을 제대로 키울 수 있는 환경'이라고. 이제라도 정부 차원에서 체계적인 시스템을 만들어달라고. 오성표 고흥군 양봉협회장은 이런 말을 들려주었다.

"양봉이 축산업으로 분류되어 있어요. 양봉 하면 벌꿀이나 로열젤리, 프로폴리스, 이런 것만 떠올리는데, 양봉은 꽃가루를 옮기는 화분 매개 곤충산업이기도 합니다. 벌이 없으면 채소나 과일농사가 힘들어져요. 이런 공익적 가치를 인정하면서 외국처럼 체계적인 연구와 행정이 필요합니다. 지금 이게 신호예요. 더 이상은 못 버틴다는…."

농민들은 친환경 약제 개발과 사용법 보급, 밀원식물 조성과 관리, 과수농가 약제 살포 시기 조율 같은 종합적인 양봉산업 육성시스템을 언급했다. 특히 최근 산불 피해지역 중 화재에 가장 취약한 곳이 소나무 숲이었던 만큼, 대체 수종으로 아까시나무 등 꿀 생산이 가능하면서도 산불이 발생했을 때 소방수 역할이 가능한 활엽수로 식재하면 '꿩 먹고 알 먹고 식' 처방이라며 밀원수림 조성의 중요성을 강조했다.

입법 차원에서는 2020년 8월부터 '양봉산업의 육성 및 지원에 관한 법률'이 시행되고 있다. '벌이 사라지지 않는 환경' 만들기에 보다 많은 관심이 필요해 보인다.

피서지에서 생긴 일

이상한 일은 2022년 여름에도 이어졌다. 2022년 6월 8일 미국 네바다 주 데스밸리. 그랜드캐니언이나 라스베이거스를 갈 때 꼭 한 번 찾는, 세상에서 가장 더운 골짜기. 이 죽음의 계곡에 자동차 한 대가 서 있었다. 자동차가 주차된 곳은 데스밸리에서도 일출과 일몰을 볼 수 있어 최고의 명소로 꼽히는 자브리스키 포인트. 자동차 주인은 관광객이 분명했다.

사흘 뒤인 6월 11일에도 차는 그대로 서 있었다. 며칠째 차만 있고 사람은 없었다. 어떻게 된 걸까? 신고를 받고 출동한 경찰은 차 내부를 수색했다. 몇 가지 단서를 찾을 수 있었다. 차 주인은 67세의 데이비드 켈러허, 자동차 상태는 '연료 부족'이었고, 당시 데스밸리 기온은 56도였다. 곧 숨 쉬기도 힘들 만큼 극단적 고온에서 차량 연료가 떨어지자 주인은 연료를 구하기 위해 어딘가로 걸어나간 것이다. 국립공원관리청에 따르면, 차 주인이 지나가던 순찰대에게 "연료가 부족하다"라고 말했다고 한다. 경찰은 차 주인을 찾아 나섰지만 너무 더운 날씨 탓에 수색은 빠르게 진행되지 못했다.

사흘 뒤인 6월 14일 오후 2시경 그의 시신이 발견되었다. 차에서 약 4킬로미터 떨어진 190번 고속도로 근처 메스키트 나무 아래에서였다. 폭염 속에서 그늘을 찾던 그가 사막에서 가장 흔한 이 관목 아래에 몸을 숨기고 있다 죽음을 맞이한 것이다. 사건 이후 국립공원 관리자들은 방문객들에게 이렇게 조언한다. 극한의 날씨가 이어지고 있는 만큼 무슨 일이 있더라도 절대 차에서 떠나지 말고 도움을 기다려야 한다고.

이런 사고는 처음이 아니었다. 5월에는 한 차량이 데스밸리에 있는 에미그런트 캠프 그라운드에서 발견되었다. 경찰은 수색에 나섰지만 아직 그를 발견하지 못했다. 6월 1일에는 69세 남성이 캘리포니아 파나민트밸리에서 숨진 채 발견되기도 했다.

7월이 되기도 전에 캘리포니아와 네바다, 애리조나 주는 극한의 폭염과 가뭄으로 고통받았다. 휴양지로 유명한 캘리포니아 팜스프링스와 애리조나 피닉스는 45.5도를 기록했다. 100년 만에 가장 더운 날씨였다. 기후변화로 더운 곳이 더 더워져 끔찍한 사고가 이어지는 것이다. 그러나 이것은 전조에 불과했다.

6월 10일 옐로스톤

300개가 넘는 간헐천이 뜨거운 수증기와 지열을 뿜어내는 곳. 회색 곰과 늑대 같은 야생동물의 천국으로 알려진 미국 최대의 국립공원 옐로스톤은 로키산맥에서 뻗어 나오는 9000제곱킬로미터의 광대한 숲이 끝없이 펼쳐진 세계 최초의 국립공원이다. 버킷리스트에 이곳을 올리는 사람이 적지 않은데, 지인 중에는 어릴 적 가족 여행으로 가본 옐로스톤의 경험을 떠올리며 야생동물학자가 된 이도 있다.

그런 이곳에 6월 10일부터 13일까지 물폭탄이 쏟아졌다. 그냥 비가 아니었다. '대기의 강Atmospheric River', 곧 하늘에 강이 흐르는 것처럼 따뜻하고 습한 수증기가 길고 좁은 구간으로 이동하다가 어느 한 지점에서 비나 눈의 형태로 집중적으로 내리는, 주로 하와이 같은 열대지방에서나 볼 수 있는 현상이 로키산맥 근처 옐로스톤에 나타난 것이다. 사실 기후변화는 진작에 시작되고 있었다. 옐로스톤 상류의 온도는 1950년과 비교해 1.1도 올랐고 비가 올 확률도 20% 증가했다. 옐로스톤 공원 내 5개 주요 하천의 유량도 최대 80% 늘었다. 여기에 최근 미국 중서부를 덮은 거대 '열 돔heat dome'의 가장자리가 옐로스톤까지 뻗치며 찬 공기와 더운 공기가 부딪혀 물 폭탄을 만들어낸 것이다. 230밀리미터의 따뜻한 비가 따뜻한 밤 기온과 결합해 산 정상 부근에 쌓여 있던 눈을 한꺼번에 녹였고, 그 물이 하류로 쏟아지면서 역사적 규모의 홍수가 발생했다.

"이것은 1000년에 한 번 날까 말까 한 재앙입니다."

현지 언론에 보도된 국립공원 관리자의 말이다. 미국 지질조사국USGS의 수문학자인 캐더린 체이스는 지난 100년간 수집된 하천 유량 조사 결과를 토대로 이렇게 평했다.

"두 하천의 최대 유량은 500년에 한 번보다 더 드문 수준입니다."

옐로스톤의 화산활동을 관찰하고 있는 지구물리학자 마이크 폴란드는 6월 11일부터 6월 15일까지 4일 동안 게이지를 통해 흐른 물의 양은 700억 갤런 이상이며 이는 10만 개 이상의 올림픽 수영장을 가득 채울 양이라고 말했다. 만일 축구장의 모든 공간에 벽을 세워 물을 담는다면, 그 벽 높이는 약 4.8킬로미터가 될 것이라고도 말했다. 한마디로 기록적인 물 폭탄이 쏟아진 것이다.

하천 범람으로 지형이 바뀌고 산사태로 수백 채의 고지대 집과 교량, 도로가 파괴되었다. 여름 관광 시즌을 맞아 옐로스톤을 찾은 1만여 방문객은 긴급 대피했고, 공원 출입은 34년 만에 전면 통제되었다. 지구온난화의 또다른 이름은 물 폭탄과 홍수, 산사태였다.

6월 18일 남프랑스 해안

스페인과 맞닿은 프랑스 서남부 해안의 비아리츠는 동남부 해안의 니스, 칸느와 함께 프랑스 3대 휴양지로 불린다. 유럽의 왕족과 귀족들의 휴양지로 유명하고 프랑스 최초의 해수욕장이 있는 곳이기도 하다.

그곳의 토요일 낮 기온이 오후 1시경 40도를 넘어서더니 오후 4시에는 42.9도를 기록했다. 관측 사상 최고 기록이었다. 그런데 4시를 넘어서면서 온도가 급격히 떨어졌다. 오후 5시에는 23도. 한두 시간 만에 기온이 20도 가까이 떨어진 것이다. 무슨 일이 있었을까? 시속 75킬로미터로 부는 돌풍이 해변을 뒤집어 놓았다. 해변에 설치된 간이 오두막들이 날아갈 정도였다.

그렇게 비아리츠가 엉망이 되고 나서 몇 시간 뒤인 밤 8시 반, 프랑스 노르망디 해안 일대에 강력한 폭풍이 몰아쳤다. 시속 80~100킬로미터의 돌풍이 불던 해변에는 토요일 밤을 즐기던 사람들이 있었는데, 식당의 유럽풍 창문에 부딪혀 여러 명이 다쳤고 서퍼 한 명이 사망했다. 프랑스 언론은 "잔인한 돌풍"이라고 언급했다.

6월부터 파리를 비롯해 프랑스 국토의 3분의 2가량이 40도에 육박하는 이른 폭염에 시달렸다. 프랑스 기상청인 메테오프랑스의 기후학자 마니퇴 소렐은 "이번 폭염은 1974년 이후 프랑스에서 기록된 가장 이른 폭염"이라고 말했다. 파리 근교에서 농사를 짓고 있는 농민들은 "응달에서는 40도고 햇볕 아래에서는 50도"라며 농작물과 가축 보호에 안간힘을 썼다.

스페인의 괴물 산불

이 무렵 40도를 웃도는 스페인 북서부와 포르투갈 북동부에서는 크고 작은 산불이 발생했다. 특히 포르투갈과의 접경지대에 위치한 사모라 지역에서는 일요일(19일)까지 최소 2만 5000헥타르(7500만 평)의 산이 불에 탔다. 지난 수십 년간 스페인에서 일어난 산불 중 최대 규모였다. 지역 신문 〈El Correo de Zamora〉는 이렇게 썼다.

"금세기 이 지역의 가장 큰 재난."

스페인 전역이 기록적 폭염으로 바싹 말라 있는 상황에서 발생한 마른 뇌우(비가 오지 않는 가운데 천둥 번개가 치는 현상)가 점화 원인으로 알려졌다. 사모라 산불과 사투를 벌이던 스페인의 한 소방관은 트위터에 이렇게 썼다.

"괴물"

정리하면 이렇다. 지구온난화는 더운 곳을 더 덥게 만들고, 덥지 않은 곳에는 기록적 폭우와 홍수 피해를 안겨주었으며, 강한 돌풍과 함께 산불을 일으켰다. 그러나 영화 〈투모로우〉와 달리 지금 우리가 맞닥뜨리고 있는 이 끔찍한 현실은 그다지 공포로 와닿지 않는다. 지구 종말로 이어지던 영화와 달리 현실은 언제 그랬냐는 듯 잠깐의 재난 뒤 다시 평화로운 일상을 되찾았기 때문이다. 옐로스톤도 그렇다.

다시 옐로스톤, 6월 22일

폐쇄되었던 공원 출입구의 5분의 3이 다시 열렸다. 훼손된 공원 북부 지역에 대한 복구작업은 몇 년에 걸쳐 이어질 전망이지만, 피해가 크지 않은 지역의 출입구를 다시 여는 데는 문제가 없었다. 곧이어 옐로스톤을 보려고 줄을 서서 기다리던 수천 대의 관광객 차량이 쏟아져 들어갔다. 오리건 주 지역신문은 한 게이트에서만 수 마일에 걸쳐 약 2000~3000대의 차량이 공원에 진입했다고 전했다. 마이애미에서 왔다는 한 모녀는 지난주 옐로스톤에 왔지만 대피령 이후 집에 가지 않고 계속 기다렸다며 이런 말을 들려주었다.

"이번 여행은 엄마와 나에게 일생에 한 번뿐인 여행이기에 엄마가 이곳을 봤으면 했어요."

옐로스톤을 오가는 관광객은 연간 최소 490만 명으로 추산된다. 많은 수가 여름 관광객이다. 수마가 할퀴고 간 옐로스톤의 상처는 몇 년에 걸쳐 치유되겠지만, 당장 내일부터라도 평화로운 일상으로 되돌아간 듯 비칠 것이다. 어쩌면 옐로스톤의 지금 모습을 담아두기 위해 더 많은 사람이 찾아올지도 모른다.

그러나 분명한 것은 기후변화는 끔찍한 재난의 빈도와 규모를 점점 더 빠른 속도로 키워가고 있으며, 어느 시점을 넘어서면 일상으로 복귀하는 게 힘들 만큼 손 쓸 수 없는 지경에 이를 것이라는 점이다. 그 임계점을 10년 뒤로 잡는 사람도 있고 30년, 50년, 80년 뒤로 잡는 사람도 있지만, 확실한 것은 우리가 원하든, 원치 않든 우리는 재난영화의 주인공으로 이미 살아가고 있으며, 그 결말이 해피엔딩이 될지 아닐지는 우리 하기에 달려 있다는 사실이다.

영국 총리를 바꿔버린
11장의 슬라이드

어느 봄날, 한 친구로부터 전화가 왔다. 내가 발행하고 있는 기후레터를 잘 받아보고 있다는 인사말로 시작한 그는 한 가지 고민을 털어놓았다. 너무 혼란스럽다는 거였다. 지금 모든 기관이 '탄소중립'을 표방하며 기후변화가 인간이 배출한 이산화탄소 때문임을 전제로 정책을 펴고 있는데, 자기가 읽고 있는 책에서는 이산화탄소 때문이 아니라고 역설한다는 이야기였다.

"정말 탄소 때문일까?"

그 친구가 책의 몇 장면을 찍어 보내주었다. 친구의 심정을 이해할 법했다. 그 책의 저자는 꽤 신뢰할 만한 분이었고, 책에 인용된 과학자들도 세계 유수의 명문대학 소속이었기 때문이다. 그들은 이렇게 이야기하고 있었다.

"이산화탄소 농도가 조금 높아졌다고 지구온난화의 재앙이 곧 닥쳐올 것처럼 요란을 떨 이유는 없습니다."

온난화의 주요 원인은 태양 흑점의 활동 결과 때문이지 이산화탄소 농도 증가 때문이 아니라는 논리였다. 따라서 온난화에 극히 미미한 영향을 미치고 있는 이산화탄소 배출량을 줄여보겠다고 호들갑을 떠는 것 자체가 비과학적이라는 주장이었다.

글을 보면서 나도 헷갈렸다. '정말 그런가? 무엇보다 매사에 비판적이어야 할 내가 탄소중립이라는 말을 너무 무비판적으로 받아들인 게 아닌가?' 하는 생각이 들었다. 그 후 자연스럽게 이것저것 찾아보기 시작했다. 많은 자료를 검색했고 많은 이야기를 알게 되었다. 먼저 재난영화 이야기부터 시작해보자.

거의 모든 재난영화에는 이런 장면이 등장한다. 천재 과학자가 있다. 그가 무얼 발견한다. 황급히 자신이 개발한 모델링 프로그램을 돌려봤더니 곧 재앙이 닥쳐온다. 시간이 얼마 남지 않았다. 그는 이 데이터를 여기저기 알린다. 그러나 철저히 무시당한다. 비웃음의 대상이 된다. 그리고 재난이 닥친다. 〈투모로우〉도 그랬고 〈돈 룩 업〉도 그랬다.

그런데 재난영화를 통해 학습한 효과 때문인지 현실의 과학자들은 영화 속 외로운 과학자들과는 전혀 달랐다. 그들은 스마트하게 대응하고 있다. 결코 혼자 움직이지 않고 연대한다. 혼자 움직였다가는 바보가 되거나 잠시 주목받다 끝난다는 것을 잘 알고 있기에 전 세계 과학자들은 방대한 데이터를 공유하면서 크로스체크를 하고 심도 깊은 토론으로 지금의 상황에 대한 평가를 내린다. 한 번으로 끝날 수 없다는 것을 잘 알고 있기에 매년 업그레이드되는 결과물들을 보고서 형태로 발간한다. 이것이 IPCCIntergovernmental Panel on Climate Change, 곧 '기후변화에 관한 정부 간 협의체'의 활동이다. IPCC는 기후변화에 대한 과학적 증거들을 취합하고 검증해 평가를 내리는 조직으로 1988년 세계기상기구WMO와 국제연합환경계획UNEP에 의해 설립되었다. 물론 이 조직이 독자적으로 연구나 관측을 담당하는 것은 아니다. 일종의 네트워크 협의체랄까. 각국 과학자들이 발표한 각종 데이터를 검증해 평가를 내리는 것이다. 그렇게 해서 발간되는 게 IPCC 보고서인데, 기후변화와 관련해 전 세계에서 가장 설득력 있는 자료로 널리 쓰이고 있다.

놀랍게도 역대 IPCC 총회 가운데 역사적으로 가장 중요한 회의는 2018년 인천 송도에서 열린 제48차 회의였다. 그전까지 지구온난화의 마지노선을 산업화 이전보다 지구 평균기온 2도 상승으로 알고 있었는데, 최근 연구조사들을 분석해보니 1.5도 상승만으로도 인간이 제어할 수 없는 재난 상황에 직면한다는 것을 명시한 그 유명한 〈1.5도 특별 보고서〉가 송도에서 채택된 것이다.

관건은 각국 정치 지도자와 정책 담당자를 설득해 실제 정책으로 구현시키는 것인데, 이 또한 재난영화를 보면서 저렇게 하면 안 된다는 걸 학습해서인지 IPCC는 조직적으로 움직인다. 전 세계 지도자들을 한자리에 모아놓고 지금까지의 기후변화 상황에 대한 일종의 과외공부를 시킬 수 있는 자리를 만든 것이다. COPConference of the Parties라고 하는 유엔기후변화협약 당사국 총회다.

매년 10월에서 11월 사이 개최하는데 2021년에는 26번째 총회가 스코틀랜드 글래스고에서 열렸다. 이걸 줄여서 'COP26' 이라고 부른다. 2022년에는 27번째 총회가 11월 이집트의 휴양 도시 샤름 엘 셰이크에서 열렸고 사람들은 이 총회를 'COP27' 이라 일컫고 있다. 대략 120개 나라의 정상이 모이는데, 대통령이 움직이면 수행원부터 관련 부처 장관들까지 따라 움직이다 보니 2만 5000명 정도가 한자리에 집결하는 셈이다. 이 자리에서 과학자들이 펴낸 IPCC 보고서를 전달하는데, 일부 회의에서는 강독회 수준으로 진행한다. 연사가 한 문단을 읽으면 객석에 있는 관료들이 그 문단을 밑줄 치며 읽고 질문거리가 없으면 다음 문단으로 넘어가는 식이다. 게다가 회의장 바깥에는 전 세계에서 모여든 기후 시민들이 "똑바로 실행하라"라는 플래카드를 내걸고 운집해 있다. 마치 옛날 수학 문제 1번부터 100번까지 다 풀어야 집에 보내주겠다며 선생님들이 교실 문을 잠그고 대기하던 모양새랄까. 이런 IPCC의 활동을 중심으로 기후변화에 대한 모든 과학적 증거를 평가하는 표준화 작업이 활발하게 진행되고 있는데, 천하의 IPCC도 초창기에는 실수를 했던 것 같다. 기후과학자 김백민 교수(부경대학교)의 말을 들어보자.

지구온난화를 믿지 못하는 사람들에게 굉장히 큰 단초를 제공한 것은 놀랍게도 IPCC의 1차 보고서였습니다. 1차 보고서에 과거 1000년간 지구의 온도변화를 나타내는 커브가 수록되었죠. 800년 부터 1300년까지 지구 온도가 매우 높았던 시절이 있었는데 그냥 높은 게 아니라 지금보다 더 뜨거웠다는 거였어요. 그 공신력 높은 IPCC 보고서에서 중세 온난화가 지금보다 더 뜨거웠다고 명시하고 있으니 지금까지도 이 대목이 지구온난화를 잘 믿지 못하는 사람들에게 영향을 준 겁니다(유튜브 "지구온난화는 조작되었다? 지구온난화의 불편한 진실"편).

이후 많은 후속 연구를 통해 IPCC 1차 보고서의 잘못된 부분을 학계가 바로잡았다(물론 논쟁이 끝난 것은 아니지만). 그러나 한 번 시작된 의심은 꼬리에 꼬리를 물고 일었다. 온난화를 인정하더라도 그 원인이 인간 때문은 아니라는 주장까지 나왔다. 놀랍게도 영국의 공영방송 BBC가 2007년 그런 주장을 담은 다큐멘터리를 내보냈다.

"위대한 사기극, 지구온난화The great global warming swindle"

탄소 때문에 지구 기온이 올라가는 게 아니라 지구 기온이 올라갔기 때문에 이산화탄소가 늘어난 것이며, 지구 기온은 태양의 흑점활동 때문에 올라간 것이라는 주장이었다. 다시 말해 인간 때문에 지구온난화가 일어난 게 아니라는 말이었다. 다른 곳도 아닌 영국의 BBC였기에 논란은 일파만파 커졌다. 미국에서는 기후과학자들이 연구비를 타내기 위해 위기를 부풀리고 조작까지 했다는 의혹이 나오기도 했다.

그로부터 15년이 지났다. 어떻게 되었을까? 현재 이 주장을 고수하는 학자는 극소수에 불과하다. 물리학자 김상욱 교수(경희대학교)는 의혹들 대부분이 과학적으로 규명되었기 때문이라고 설명한다.

BBC 방송 내용은 태양이 지구온난화의 주범이라는 이야기인데요. 일단 이것에 대해서는 반박할 수 있어요. 그렇기에 오늘날 기후위기가 인간에 의한 것이라는 걸 믿는 건데요. 미국 항공우주국 나사 NASA의 조사에 따르면, 지난 50년간 지구가 태양으로부터 받은 에너지의 양은 오히려 감소했다고 합니다. 그러니까 BBC의 태양 때문에 온도가 올라서 이산화탄소가 늘었다는 주장은 틀린 것이죠 (유튜브 "지구온난화의 주범은 '인간'일까 '태양'일까?" 편).

그럼에도 여전히 확신을 갖지 못하는 사람들이 있다. 정말 인간 때문일까? 탄소 때문일까? 보리스 존슨 영국 총리도 그런 사람 중 하나였다.

"이상기후는 지구온난화와 상관없다."

그가 의원 시절이던 2015년 신문 칼럼으로 기고한 글의 요지였다. 그는 과장된 주장이 위기감을 조성한다는 문제의식을 갖고 있는 정치인이었다. 그런 그가 2019년 영국 총리가 되었다. 어떤 일이 벌어졌을까?

몇 달 뒤 반전이 일어났다. 영국 보수당을 이끌던 그가 기존 입장을 180도 바꿔 기후대응을 국정 최우선 과제로 두고 해결하겠다는 '기후 전사'로 변한 것이다. 그의 태도를 바꿔놓은 것은 그가 총리가 된 뒤 과학자들로부터 브리핑을 받은 11장의 슬라이드에 있었다. 브리핑 장소는 영국 총리관저인 다우닝가 10번지, 날짜는 2020년 1월 28일이었다. 그날 총리는 무얼 봤을까?

첫 슬라이드는 '킬링 곡선'이었다. 1960년 이후 대기 중 이산화탄소 농도가 급격히 상승하고 있다는 것을 보여주었다. 그 밑 그래프는 산업혁명 전과 산업혁명 이후 지구의 온도변화를 비교한 데이터였다. 확연하게 달랐다. 인간이 탄소를 본격적으로 뿜어내기 시작한 산업혁명 이후 지구온난화 수준은 그 전과 확실히 다른 수준이었다. 또다른 그래픽은 1961~1990년 사이 30년 평균 온난화 수준과 2009~2019년 사이 10년 평균 온난화 수준의 차이를 나타내는 지도였다. 그 밑에는 전 세계 해수면 변동을 나타내는 그래프도 있었다.

둘째 슬라이드에는 '과연 인간의 활동 때문인가?'라는 질문에 대한 답이 담겨 있었다. 온실가스의 역할을 보여주는 그래프와 지도가 두 개씩 첨부되었다. 인위적 영향이 없을 경우와 인위적 영향을 포함할 경우 지구 온도가 어떻게 달라지는지 한눈에 알 수 있는 자료였다.

셋째 슬라이드는 북극의 얼음이 얼마나 빨리 녹아내리고 있는지를 보여주었고, 넷째 슬라이드는 1901~2018년 사이 전 세계의 극한 온도와 강수량 변화를, 다섯째 슬라이드는 홍수와 해수면 상승, 폭염과 질병, 산불, 생물 다양성 등 기후변화의 영향을 나타내는 이미지와 지도를 담고 있었다. 또 여섯째부터 열째 슬라이드는 기후변화에 대한 인류의 대응 과제로 기후변화 억제 목표를 달성하면서 배출할 수 있는 지속가능 탄소 예산, 영국의 해수면 상승 전망, 온실가스 감축 시나리오별 지구 온도변화 예측치 등을 기록하고 있었다. 마지막 열한째 슬라이드는 '티핑포인트', 곧 임계점에 관한 자료였다. 물이 100도를 넘어가면 폭발적으로 끓어오르듯, 지구 기온이 특정 수준을 벗어나면 다시는 되돌릴 수 없는 상태로 지구가 변한다는 한계수준에 관한 이야기였다. 슬라이드는 그 상황이 오면 영국이 어떻게 될지에 대한 과학적 예측을 보여주며 끝을 맺었다.

11장의 슬라이드는 보는 이의 이목을 끌기 위한 각별한 디자인도, 비주얼 장치도 없었다. 그냥 간단하고 명료하게 과학적 사실들만 보여주었다. 그런데도 영국 총리의 생각을 바꾼 것이다. 그는 이렇게 말했다고 한다.

"온도 그래프에서 거의 수직으로 올라가는 것을 보면서 (인간에 의한) 인위적인 기후변화를 반박하기란 매우 힘들었다. 그때가 나에게는 매우 중요한 순간이었다."(영국 환경단체 '카본 브리프'가 공개한 영국 총리의 발언)

사과 월북 사건

초등학교 시절인지 중학교 시절인지 정확히 기억나지는 않지만, 사회 시간이었던 것 같다. 이런 시험 문제가 나왔다.

"다음 중 사과 주산지는?"

우리나라 지도가 보기로 나오면 나는 꼭 대구 근방을 정답이라고 써냈고 선생님은 동그라미를 쳐주셨다. 그런데 같은 문제가 요즘 출제된다면 어떨까? 대구라고 쓴다면 오답으로 처리될 것이다. 강원도 양구로 쓰면 정확히 맞을 것이다. 사과 주산지가 점점 위로 올라왔기 때문이다. 이런 변화를 두고 어느 광고 카피라이터는 "사과 월북 사건"이라고 정리했다.

2022년 농촌진흥청은 최신 기후변화 시나리오를 반영해 사과를 포함한 6대 과일의 재배지 변동 사항을 이렇게 예측했다.

사과: 재배 적지와 가능지가 급격히 줄어 2070년대에는 강원도 일부 지역에서만 재배.

배: 2030년대까지 재배 가능 면적이 증가하다가 2050년대부터 줄어 2090년대에는 강원도 일부 지역에서만 재배.

복숭아: 2030년대까지 재배 가능 면적이 소폭 증가하다가 이후 급격히 줄어 2090년대에는 강원도 산간 지역에서만 재배.

포도: 총 재배지 면적은 2050년대까지 유지되다가 이후 줄어 2070년대에는 고품질 재배 가능 지역이 급격히 감소함.

단감: 2070년대까지 재배 가능 지역이 꾸준히 증가하고, 중부 내륙 전역으로 확대.

감귤: 재배 가능지가 지속적으로 증가, 재배 한계선은 남해안과 강원도 해안 지역으로 확대.

앞으로 50년 뒤인 2070년대에는 주요 과일의 재배 지역이 크게 달라질 전망이라는 것이다. 연구진이 주요 과일의 총 재배 가능지를 2090년까지 10년 단위로 예측한 결과, 사과는 지속적으로 감소했고, 배, 복숭아, 포도는 2050년 정도까지 소폭 상승한 뒤 역시 감소했다. 반면 단감과 감귤은 지속적으로 증가하는 것으로 나타났다.

농촌진흥청이 사용한 기후변화 예측모델의 기준은 IPCC가 2020년 발표한 시나리오SSP5로, 사회가 빠르게 발전하면서 온실가스 감축이 제대로 이뤄지지 않을 경우를 예측한 것이다. 이에 따르면 2081~2100년 사이, 전 세계와 한반도의 연평균 기온은 각각 6.9도, 7.0도 상승할 것으로 전망했다. 이는 2012년 발표한 상승치보다 각각 2.2도, 1.1도 오른 것이다.

연평균 기온이 7도나 오른다니? 이미 지금도 우리나라가 아열대 아니냐는 말들이 나오고 있다. 기상청의 2020년 발표자료에 따르면, 우리나라에서 월평균 10도 이상의 기온이 8개월 이상 지속되는 아열대 지역은 2020년 기준 경지면적의 약 10% 수준이다. 그런데 지금처럼 온실가스 감축이 제대로 이뤄지지 않는다면, 2050년대에는 아열대 지역이 경지면적의 55.9%로 늘어나고 2070년대에는 81.7%가 된다. 그때가 되면 어쩌면 사과는 백두산에서나 보게 될 수도 있다. 상황은 빠르게 변하고 있다.

한반도에서도 벼농사
두 번 짓는 시대가?

기후 관련 기사를 살펴보다가 신기한 것을 발견했다. 각 지역에서 모내기가 시작된다는 기사였는데, 그 날짜들이 조금씩 앞당겨지고 있었다. 기사에서는 이런 말들이 계속 나왔다.

"예년보다 일주일 빠르게 심었다."

"3~4일 빨리 심었다."

"날이 더워져서 올해는 모내기를 빨리 한다."

이런 상황이라면 '언젠가 이모작도 가능하지 않을까?' 하는 황당한 생각이 스쳐 지나갔다. 그래서 알아봤더니 정말 그런 시도들이 진행되고 있었다.

땅끝 해남군은 2021년부터 벼 이모작에 도전하고 있다. 쌀을 수확한 논에 다른 작물을 심는 형태의 이모작은 있었지만, 쌀을 수확한 곳에 다시 벼를 심는 '벼 2기작'은 국내에서 보기 드문 실험이었다.

"해남에서도 해안 지역이 1~2도가량 온도가 더 높아요. 그래서 완도와 인접한 북평면, 그중에서도 관수시설이 잘되어 물이 풍족한 논에서 농민들과 시험재배를 시작했습니다. 벼 2기작을 하려면 물이 충분해야 하거든요."

2022년 4월에 인터뷰한 해남군 농업기술센터 최영경 농촌지도사는 벼 2기작에 의욕적으로 도전한 이야기를 들려주었다. 목표는 10아르(약 300평)당 900킬로그램을 수확하는 것. 이 정도만 되어도 경제성이 충분하다는 판단이었다.

2021년 4월 15일 해남군 북평면 동해리에서 첫 실험이 시작되었다. 4월 20일 모내기에 들어가 8월 3일 첫 쌀을 수확했다. 수확량은 10아르당 500킬로그램가량으로 성공적이었다. 이어 8월 8일 다시 모내기를 하고 11월에 두 번째 수확을 마쳤다. 그런데 문제는 여기서 발생했다. 예상치 못한 저온현상으로 쌀 수확량과 상품성이 현저히 떨어진 것이다.

"10월 중순경 저온현상이 왔어요. 벼가 여무는 단계인 등숙기였는데 등숙이 지연되면서 수량이 많이 줄어들었습니다. 상품성도 식용으로 하기에는…."

두 번째 쌀 수확량은 10아르당 150킬로그램가량으로 줄어들었다. 상품성도 떨어져 시장에 내놓기 어려운 상태였고, 결국 가축 사료용으로 써야 했다. 절반의 성공이었다. 최영경 지도사는 예측할 수 없는 기후 요인을 첫손으로 꼽았다.

"기후가 아무리 따뜻해지더라도 순간적으로 추워지는 때가 있어서 종잡을 수 없더라고요."

그러나 도전은 2022년에도 계속되었다. 4월 15일 모내기에 들어갔는데, 작년과 달라진 점은 네 가지였다. 우선 품종 실험 종자 수를 3개에서 2개로 줄였고, 재배 면적을 다소 축소했다. 또 두 번째 벼를 심는 모내기 일정을 앞당기고 만일 두 번째 수확이 여의치 않으면 대체작물(해남 배추 등)로 돌릴 계획이었다. 최대 변수인 기후 불확실성에 대비하는 모양새였다.

"작년 상반기에는 기상이 좋아서 첫 벼를 빨리 수확했는데, 올해는 장마가 길어지면 첫 수확이 늦어질 수도 있을 것 같아요. 두 번째 벼를 8월 초에는 심어야 10월 말이든 11월 초든 수확할 수 있는데, 작년에는 두 번째 벼 심기가 닷새가량 늦어졌어요. 그런 변수에 대응해보려는 거죠."

결국 문제는 경제성

또다른 농가의 말을 들어봤다. 2014년 전국 최초로 '벼 2기작'에 도전한 전남 고흥군 동강면 죽암농장은 쌀 조기 수확으로 태풍도 피하고, 추석 이전에 좋은 값을 받고, 농지 이용률까지 높일 수 있다는 장점을 들며 야심차게 1만여 평 시험재배를 시도했다. 그런데 시험재배는 중단되었다. 이유는 경제성 부족이었다.

"조기 벼 수확을 위해 투입되는 인건비나 비용은 올라가는데, 쌀값이 받쳐주지 못하니까 하고 싶어도 못하는 거죠. 일반 벼값이 많이 떨어진 상태라…."(최영경 해남군 농업기술센터 농촌지도사)

산지 쌀값은 2021년 수확기(10~12월) 이후 하락세가 지속되면서 2022년 3월 15일 쌀 20킬로그램 기준으로 5만 원 선이 무너졌다. 그래서 죽암농장은 첫 벼를 수확한 뒤 그 자리에 사료작물을 심고 있다. 대체작물이 딱히 없는 가운데 사료작물은 정부 지원금이 뒷받침되기 때문이다.

하락세로 들어선 쌀값은 해남군 실험에도 영향을 주었다. 최영경 지도사 역시 벼 2기작의 최대 장점인 경제성 면에서 올해는 조심스럽다며 어려움을 토로했다. 그러나 기후변화에 대응하는 방향으로는 이런 시도들이 큰 의미가 있을 것이라고 강조했다.

"기후대응과 관련해서는 이렇게 하는 게 맞아요. 벼 수확을 앞당겨 쌀을 두 번 생산하는 방식 말고도 벼 수확을 늦춰 다른 채소를 많이 심는 방법도 있거든요. 예를 들어 해남은 월동작물로 마늘농사를 많이 합니다. 월동작물을 5~6월까지 재배한 뒤 벼를 늦게 심는 것도 좋은 방법이에요."

같은 논에서 벼농사를 두 번 지으면 땅심(지력)이 약해지는 게 아닌지 궁금했다. 의외의 답변이 돌아왔다. 적정 시비기술을 통해 지력 관리가 충분히 가능하다는 것이다.

"이건 좀 기술적 문제인데, 어떤 작물이든 땅에 비료 성분이 너무 많으면 익는 기간이 길어져 출수가 늦어집니다. 중요한 것은 적정량의 시비를 통해 투입되는 비료의 양은 줄이고 품질은 높이는 것이죠. 사실 수량을 많이 거두려고 비료를 필요 이상 많이 주는 경향이 있는데, 저희는 밑거름은 줘도 웃거름은 주지 않으려고 해요."

논에 따라 땅심이 워낙 다양하기에 과학적으로 토양 검정을 해본 뒤 그에 맞는 처방을 하면 벼 2기작에는 문제가 없다는 설명이다.

최 지도사는 인터뷰 내내 안타깝다는 말을 자주 했다. 성공했어야 하는데, 종잡을 수 없는 기후 변수를 만나 뜻한대로 성과를 내지 못해 마음이 아프다는 것이다. 나는 이런 시도를 묵묵히 해내고 있는 그에게 고맙다는 말을 전했다. 성공하면 좋겠지만 실패로 끝나더라도 어떤 문제가 있는지 파악할 수 있는 귀중한 데이터는 남기 때문이다. 앞으로 5년만 더 지나면 지금의 시도들은 큰 빛을 발할 것이다. 모든 기후 연구자들의 도전을 응원하는 까닭이다.

한겨울의 산불,
지구 종말 같았다

장면 1

크리스마스 트리가 장식된 대형 마트 안에서 "지금 빨리 나가!"라는 고함 소리가 터져 나왔다. 쇼핑하던 수십 명의 사람이 황급히 달려 나갔다. 아이 울음소리도 들렸다. 입구 근처는 이미 매캐한 연기가 자욱했다.

"이쪽이야!"

작은 아이를 안고 큰 아이의 손을 잡은 채 매장 밖으로 달려 나가는 엄마 앞으로 돌풍이 휘몰아쳤다. 최대 시속 169킬로미터의 강한 돌풍이었다. 돌풍은 산불을 빠르게 확산시켰고 뿌연 연기는 해를 가려 한낮인데도 주변을 어둡게 했다. 지구 종말이 온 것 같았다. 강한 바람과 매캐한 연기 속에서 주춤거리는 엄마와 아이들 옆으로 한 청년이 코와 입을 손으로 막은 채 어디론가 뛰어갔다.

장면 2

실내 어린이 놀이시설. 산불이 건물 옆 잔디밭까지 옮겨붙자 엄마들이 다급히 아이들 손을 잡고 빠져나갔다. 순식간에 아수라장이 되었다. 엄마는 아이를 찾고, 아이는 엄마를 찾아 펄쩍펄쩍 뛴다.

"괜찮아, 괜찮아."

엄마들은 아이 손을 잡고 침착하게 호흡을 가다듬지만 출입문을 열자 강한 돌풍이 휘몰아쳐 들어온다. 몸을 가누기도 힘들고 눈을 뜨기도 어렵지만 사람들은 사력을 다해 아이를 안고 차를 향해 달려간다.

"케이티!"

아이를 찾는 아빠의 고함 소리와 경찰차 사이렌 소리가 뒤섞인 주차장은 이미 지옥이었다.

장면 3

주택가. 집들도 불탔다. 옆집도, 그 옆집도…. 강한 바람에 불길이 빠르게 번지면서 볼더카운티 한 곳에서만 100여 채의 집이 전소되었다. 이 장면을 근접 취재하던 ABC 방송의 남성 리포터는 강한 바람에 마이크를 잡은 채 휘청거리기도 했다.

미국 중서부 콜로라도 주를 휩쓴 산불, 일명 '마셜 화재'의 모습들이다. 2021년 12월 30일 오전부터 덴버 외곽에서 시작된 산불은 겨울 강풍을 타고 빠르게 확산되었다. 몇 시간 만에 여의도 면적의 2배가량을 태우더니 사흘이 지난 1월 2일 기준으로 약 24제곱킬로미터를 잿더미로 만들었다. 여의도 면적의 8배가 넘는 규모였다. 1월 7일까지 주택 1000여 채가 소실되었고 실종자도 여러 명 발생했다. 미국의 조 바이든 대통령은 콜로라도 주를 재난지역으로 선포하고 복구 지원에 들어갔지만, 20센티미터가 넘는 폭설에 뒤덮인 건물 잔해 속에서 수색 작업은 쉽지 않았고, 영하 10도 아래로 떨어진 강추위 때문에 집을 잃은 이재민들의 고통은 계속되었다.

여러 보도를 종합하면 이번 산불이 충격적인 이유는 크게 두 가지였다. 봄도 아니고 가을도 아닌 한겨울에 산불이 났다는 점 그리고 인적 없는 곳에서 발생하던 산불이 이번에는 주택가와 편의시설까지 덮쳤다는 점이다.

현지 언론 〈덴버포스트〉에 따르면, 콜로라도 기후센터의 과학자들은 최근 기후변화로 대규모 산불 발생이 머지않았음을 알고 있었지만, 그 시기가 12월일 줄은 몰랐다고 말했다.

사실 산불 발생은 시간문제였다. 이상고온현상과 수십 년간 계속된 가뭄 때문이다. 습도가 높은 봄철에 무성하게 자라난 풀은 비가 오지 않는 여름과 가을을 지나며 바짝 말라붙었다. 활활

타오르기 쉬운 땔감이 된 것이다.

"6월부터 12월 사이는 기록상 가장 따뜻했고 덴버 지역 관측 역사상 1960년대 초반 이후 가장 건조한 기간이었어요."(제니퍼 볼치, 콜로라도 볼더대학 지구과학자)

볼치 박사는 이제 산불 시즌은 따로 없다고 말했다. 일 년 내내 산불이 날 수 있다는 것이다. 지구온난화가 특정 시기가 아닌 일 년 내내 산불이 발화할 조건을 만들었기 때문이다. 여기에 또 한 가지 요인이 위험수위를 높였다. 바로 무분별한 숲 파괴와 부동산 개발이다. 〈덴버포스트〉와의 인터뷰에서 기상학자이자 작가인 밥 헨슨은 "피해 지역 대부분은 40년 전까지 초원지대였다"라고 말한다. 야생지대와 주거지 사이의 경계가 인간의 개발로 모호해질 때 예측 불가능한 재앙이 순식간에 닥칠 수 있음을 경고하는 말이다.

잿더미가 된 피해 지역은 하얀 눈으로 뒤덮였다. 지역민들은 사실 눈이라도 와서 화마를 잠재워주길 고대했다. 그러나 기후학자인 베키 볼린저는 날이 풀리고 건조한 상태에서 바람이 불면 다시 위험이 찾아올 수 있다고 재차 경고했다.

이런 일련의 일들이 과연 다른 나라에서만 일어나는 사례일까? 2022년 11월에만 해도 우리나라에는 평년 이맘때보다 3배나 많은 산불이 발생했다. 특히 남부지방의 강수량이 49년 만의 최저치를 기록한 메마른 상태에서 겨울철 대형 산불의 위험은 어느 해보다 커졌다. 갈수록 대형화되고 있는 사계절 산불에 대비하려면 우리는 무얼 해야 할까? 나는 그 힌트를 미국의 겨울 산불이 진화된 지 얼마 되지 않아 발생한 동해안 산불 현장에서 찾을 수 있었다.

동해안 산불,
'온 산이 불쏘시개'

"산불 진화 후 사흘간 비가 내렸는데도 바닥에서 다시 잔불이 재발화하더라구. 그런 산불이 저렇게 크게….."

2022년 3월, 산불진화대로 활동해본 전남 고흥의 한 농민은 경북과 강원도 일대 대형 산불 소식에 한숨을 쉬었다. 무엇보다 산불 진화에 힘쓰고 있는 수많은 대원의 안전이 걱정되었기 때문이다.

수십 대의 소방 헬기도, 첨단 드론도 힘을 쓰지 못했다. 역대급 겨울 가뭄으로 바싹 마른 산에 불이 붙고 강풍이 불면서 산불은 삽시간에 경북 울진에서 강원 삼척으로 번졌다. 최고 수준 산불 경보인 '심각단계'가 발령되었고 특별재난지역으로 선포되었다. 강릉 옥계와 영월 등 곳곳에서 동시다발적으로 발생한 산불까지 합하면 피해 지역은 3월 6일 기준 약 1만 4000헥타르. 서울 면적의 4분의 1가량이 불탄 꼴이다.

2022년 10월에 나온 산림청 통계자료에 따르면, 2022년 한 해 동안 발생한 대형 산불은 모두 11건으로 여의도 면적의 85배에 달하는 2만 4015헥타르가 소실되었다. 지난 10년 동안 발생한 산불 피해보다 2배 이상 큰 규모의 피해가 2022년 한 해 동안 발생한 것이다.

대책은 있는 걸까?

전문가들은 대형 산불의 원인으로 크게 세 가지를 지목한다. 더 건조해진 날씨, 더 강력해진 바람 그리고 온 산에 널려 있는 불쏘시개들. 앞의 두 가지는 기후변화로 하늘이 변한 문제지만, 셋째 원인은 임도 등 산림 인프라 구축을 통해 체계적인 숲 가꾸기를 했더라면 충분히 막을 수 있는 문제다.

노윤석 녹색탄소연구소 수석연구원은 "우리나라 산림에는 불쏘시개가 너무 많습니다. 그동안 나무만 심어놓고 적절한 관리를 하지 않으니 죽은 가지와 낙엽들이 불쏘시개 역할을 합니다"라고 말한다. 산림자원 전문가인 그는 우리나라가 독일이나 오스트리아 같은 산림 선진국들처럼 산에 임도를 적절히 내고 숲 가꾸기로 부산물을 솎아내는 작업을 꾸준히 했더라면, 산불 예방만이 아니라 나무 성장도 촉진하고 목재 부산물을 이용해 다양한 용도로 활용할 수 있었다며 아쉬워했다.

서울대 강호상 교수(그린바이오과학기술연구원)는 솎아베기 같은 숲 관리를 통해 나무와 나무 사이의 적정 거리를 두어야 나무가 잘 자라는데, 우리 숲은 임도가 없어 관리를 못하는 바람에 나무끼리 부딪치는 등 촘촘하게 뒤엉킨 구조가 되어 헬기 진화의 효과까지 떨어뜨린다고 지적했다.

"산불은 보통 나무 밑의 풀이나 잡목, 낙엽들이 타다가 나무로 옮겨붙으면서 커집니다. 따라서 산불 진화의 적기는 지표면의 불이 나무로 옮겨붙기 전에 잡아야 하는 건데, 워낙 우리 숲에 나무들이 빽빽이 들어차 있다 보니 헬기에서 다량의 물을 투하해도 그 물이 울창한 나뭇가지나 잎에 가로막혀 바닥에 붙은 불을 못 끄는 겁니다. 결국 바닥의 불을 끄려면 공중진화대가 직접 헬기에서 뛰어내려 지표면을 진화해야 하는데, 임도가 없다 보니 바닥의 잔불이 되살아날 경우 매우 위험한 상황이 펼쳐집니다."

강 교수는 산불 피해 면적의 대형화도 문제지만 우리 숲의 임분축적(단위면적당 목재 밀도)이 높기 때문에 (산불로 인한) 이산화탄소 배출이 갈수록 늘고 있다며 임도 확장의 절박성을 강조했다.

우리나라 임도 밀도는 독일의 13분의 1,
일본의 4분의 1 수준

임도는 소방차와 진화 인력들이 화재 현장에 쉽게 접근할 수 있도록 하는 소방 도로이자 산불 확산을 막는 방화선 역할을 한다. 평상시에는 산불의 연료가 되는 각종 산림 부산물을 적절히 제거하는 숲 가꾸기의 통로가 되기도 한다. 실제로 국립산림과학원이 2021년 2월 경북 안동에서 발생한 대형 산불 인접 지역의 시설물을 조사한 결과, 사전에 시설물 주변 가연물질을 정리하고 숲 가꾸기를 실시한 곳은 산불 피해가 거의 발생하지 않았다.

산불이 번지지 않은 시설물은 산불 확산 방향에 있었고, 특히 주변에 소나무들이 빽빽이 들어차 있어 불에 탈 위험이 매우 큰 상황이었는데도 주변에 산불 연료인 낙엽 등 가연성 물질의 양이 다른 지역보다 3분의 1 정도로 적어 피해를 최소화할 수 있었다는 것이다.

그런 숲 가꾸기의 통로인 임도가 한국에는 너무 부족하다. 산림청 통계자료에 따르면, 2019년 우리나라의 임도 밀도는 헥타르당 3.5미터로 미국(9.5), 일본(13), 독일(46) 등에 비해 매우 낮은 수준이다. 특히 산림 선진국인 독일, 오스트리아에 비해서는 13분의 1 수준이고 이웃 나라 일본과도 격차가 크다. 강호상 교수는 "지금이라도 숲이 울창한 강원, 경북 지역부터 임도를 대폭 확장하고 숲 관리와 산림 탄소흡수를 증진시킬 특별 대책이 수립되어야 합니다"라고 지적한다.

오래전부터 산림 전문가들은 산불 예방만이 아니라 우리 숲의 탄소흡수량과 목재 자급률 재고를 위해 임도 확충을 통한 숲 가꾸기의 필요성을 역설해왔다. 그러나 정부의 의지 부족, 부실 임도 시공으로 인한 산사태 유발 등 환경 피해가 문제점으로 제기되면서 해묵은 숙제처럼 미뤄지곤 했다.

위기는 기회라고 한다. 이제라도 과학적이며 체계적인 임도 확충을 통해 지속가능한 100년 숲 가꾸기에 나서야 할 것이다.

대형 산불로부터
거인 나무를 지켜낸 비결

2022년 6월에는 미국 옐로스톤에 대홍수가 나더니 7월에는 요세미티가 산불에 휩싸였다.

요세미티는 캘리포니아 주에 있지만 국가가 직접 관리하는 국립공원이다. 남북전쟁 당시 워낙 경관이 좋다 보니 찾아오는 사람들 때문에 자연이 망가질 것을 우려한 캘리포니아 주민들이 주민청원운동을 벌여 링컨 대통령이 직접 자연보호 서약을 했던 일화로도 유명한 곳이다. 옐로스톤이 1872년에 미국 최초이자 세계 최초의 국립공원으로 지정되었고, 요세미티는 1890년에 국립공원으로 지정되었다. 한 해 400만 명 이상이 찾는 유네스코 세계자연유산이기도 하다.

그런 이곳에 화마가 닥친 것은 2022년 7월 7일 오후였다.

공원 남쪽 워시번 탐방로에서 산불이 시작되었는데 NPR(미국의 공영라디오) 보도에 따르면 7월 11일까지 여의도 면적의 3배쯤 되는 950만 제곱미터의 숲을 태웠다. 그러고도 전혀 진압이 되지 않았다. 오히려 주말을 지나며 규모가 더 커졌다. 어떤 화재 진압방식도 힘을 쓸 수 없었다. 더 큰 문제는 산불 피해가 집중되고 있는 지역에 미국인들이 자랑스러운 자연유산으로 손꼽아 지목하는 '자이언트 세쿼이아', 일명 거인 나무들의 군락이 있었다는 것이다. 건물 30층 높이로 쭉쭉 뻗은 거대 나무 수백 그루가 몰려 있는 숲은 마치 거인이 금방이라도 쿵쿵대며 걸어 나올 것처럼 진기한 풍경이다. 특히 가장 많이 알려진 '그리즐리 자이언트 세쿼이아'는 수령이 3000년 이상 되었으며, 높이가 약 64미터에 달했다.

사실 앞서 언급한 요세미티의 국립공원화에 결정적 역할을 한 것이 바로 이 지역의 거인 나무들이다. 현재 북아메리카 지역 전체를 통틀어 자이언트 세쿼이아의 개체수는 약 8만 그루, 그 가운데 약 500그루가 요세미티공원의 마리포사 그로브에 밀집해 있는데, 1864년 링컨 대통령은 이곳 마리포사 그로브와 요세미티 계곡을 "공공 사용, 휴양지, 휴양"으로 보호하는 법안에 서명했다. 그런 역사적 의미가 깊은 이곳을 향해 화마가 엄습하고 있었다.

"소중한 거인들이 살아남을 수 있을 것 같습니다."

7월 11일 놀라운 소식이 전해졌다. 거인 나무들의 상태를 확인한 산림생태학자이자 소방관인 개럿 딕맨은 캘리포니아 지역 신문과의 인터뷰에서 산불이 난 지역과 인접한 거인 숲 서쪽 부분을 조사해보니 숲은 꽤 좋은 상태인 것 같다며 일부 불이 붙은 나무도 있었지만 생존에 위협을 줄 정도는 아니라고 말했다.

"불길이 '그리즐리 자이언트'나 '빨래집게 나무' '캘리포니아 터널 나무' '몰락한 군주' 등 유명한 나무까지 가지 않았다는 걸 확인했습니다."

이번 산불은 지난 130년 동안 한 번도 불이 난 적 없는 공원 구역 바로 옆에서 60미터 높이의 불길을 만들 만큼 최악이었다. 그런데 어떻게 거인 나무들의 생존을 낙관할 수 있었을까? 그 비결은 '산불의 연료'가 되는 잡목과 고사목을 미리 제거한 데 있었다. 그는 이렇게 덧붙였다.

"나무들을 구한 비결은 간단합니다. 산불의 연료를 제거했어요. 우리는 지난 50년 동안 화재에 대비해왔습니다. 그리고 그런 준비가 나무들을 살리고 있어요."

그동안 미국 국립공원은 거인 나무들을 산불로부터 지키려고 여러 예방조치를 해왔다. 가장 대표적인 것은 물을 뿌리는 대형 스프링쿨러 시스템을 거인 나무 근처에 설치해 나무 주변의

습도를 높여주는 것이었다. 알루미늄 호일로 만든 방화 담요를 나무 밑둥 부분에 랩처럼 씌우기도 했다. 그러나 가장 효과적인 작업은 산불의 연료가 될 유기물을 제거하는 작업이었다. 예를 들어 '더프duff'라고 하는 숲 바닥의 썩어가는 유기물을 제거했다. 이 유기물 덩어리에 불이 붙으면 나무 밑부분에서 오랫동안 그을음을 만들어낸다. 여기에 나무 전염병에 걸려 고사한 나무들의 잔해, 바람에 쓰러진 나무들, 가뭄에 바싹 말라붙은 고사목 등 불쏘시개가 될 여러 유기물을 없애려 노력했다.

"우리는 나무에 (알루미늄) 랩을 씌우거나 소방관들을 엄청난 위험에 빠뜨릴 필요가 없었습니다. 미리미리 불쏘시개들을 제거해주는 게 매우 효과적인 것으로 입증되었기 때문에 우리는 (산불에) 안전하게 대응할 수 있었어요."

숱한 산불로 수많은 나무를 잃으며 터득한 교훈이다. 국토의 3분의 2가 산지인 한국도 새겨들어야 할 것이다.

현재 한국의 임도 건설은 과연 얼마나 진척되었고, 예산은 어느 정도 투입되고 있는 걸까?

2장

답을 찾는 사람들

답은 우리 발밑에 있었다

"날씨 때문에 작황이 너무 안 좋아서…."

언제부터인지 이런 말을 참 많이 듣는다. 2021년 가을 경기도 농민들을 만날 때였다. 농민들은 "쌀값을 보장하라"라는 현수막을 준비하고 있었다. "아니, 코로나 때문에 사람들이 집밥만 먹는데, 쌀값을 얼마나 더 받아야 하느냐"라고 되물었더니 농민들은 '도시민들은 저렇게 생각하나 보다'며 황당한 표정을 지었다. 따뜻한 겨울 그리고 긴 장마로 수확량이 확 줄었다는 것이다. 특히 일찍 심은 조생종 벼는 수확량이 30~40%나 줄어들어 쌀값이 올라도 도지(소작료)에, 농약값에 이것저것 빼고 나면 남는 게 없다고 한다. 쌀의 고장 경기도에서 30년 넘게 농사를 지은 선수들 말이었다. 아침에 들녘에 나가 불어오는 바람결 하나에도 예민하게 반응해온 그들은 몇 번이나 내게 말했다. 이런 날씨는 처음 겪는다고.

이제는 농산물 가격보장만으로는 원활한 식량 공급을 장담하기 힘든 세상이 되었다. 그동안 공업 발전과 한강의 기적을 위해 묵묵히 희생해온 농업은 이제 기후의 역습 앞에 도태되고 마는 걸까. 그런 걱정을 할 무렵 '탄소 농부'들에 관한 이야기를 들었다. 토양을 살려 기후변화에 대응한다는 이상한 나라의 농부들 말이다.

캘리포니아 나파밸리에서 생긴 일

포도 수확이 시작되는 9월 초순 기온이 43도(화씨 110도)를 넘어섰다. 나파밸리에서 이상고온현상은 더이상 놀라운 일이 아니다 (《뉴욕타임스》 2019년 10월 31일자).

세계 최고의 와인 산지 중 하나인 캘리포니아 나파밸리. 그러나 천하의 나파밸리도 기후변화 앞에서는 속수무책이었다. 2015년에는 비정상적으로 따뜻한 1~2월 날씨가 포도의 이른 성장을 촉진하더니, 그해 5월에는 한파가 찾아와 결국 수확량이 40~50%나 줄었다. 2017년 10월에는 강한 바람과 건조한 날씨가 일으킨 산불이 건물을 태우고 포도농원을 검은 연기로 뒤덮으면서 이제껏 경험해보지 못한 가장 나쁜 품질의 포도가 수확되기도 했다.

산불은 이후 5년간 캘리포니아 전 지역을 가뭄으로 내몰았다. 산불로부터 시설을 보호하려는 전기회사가 전원 공급을 끊는 바람에 와인 농원들이 며칠간 정전 상태에 이르기도 했다. 상황이 이렇다 보니 개인주의로 악명높은 나파밸리의 와인 생산자들도 기후변화 앞에 힘을 합쳐 맞서기 시작했다. 생산자 700여 명이 자발적으로 모여 기후변화 대응을 모색한 것이다. 그 사람들 중에는 일찌감치 토양을 살리는 농법을 실천해 캘리포니아 주의 기후대응 보조금을 받고 있는 와이너리도 있었다. 매티아슨 부부가 운영하는 농장이 대표적이다.

토양 살려 기후대응보조금 받는 와인 농장

매티아슨 부부는 2003년부터 나파밸리에서 와인을 만들어왔다. 지속가능한 농업과 로컬푸드운동을 실천하려고 와이너리를 만들었기에 농장 이름도 기업 형태의 브랜드가 아닌 '매티아슨 가족 포도농장'으로 지었다. '최고의 비료는 농부의 발걸음'이라는 신념을 가진 이들 부부는 18년째 친환경 방식으로 농사를 짓고 와인을 만들어 헌신적인 환경운동가로 불려왔다. 그런데 최근에는 '캘리포니아의 기후 전사'로 통하고 있다. 이들은 캘리포니아 주가 기후변화 대응 기술을 지원하기 위해 조성한 기금을 통해 3만 1445달러(약 3400만 원)를 지원받는다. 아내 질 클라인 매티아슨 씨는 지원금을 받는 소감을 이렇게 말했다.

"제 삶은 '기후'가 좌우합니다. 농민으로서 우리는 기후변화 방어의 최전선에 서 있지요. 우리는 기후변화 영향을 줄이기 위해 모든 것을 하려고 해요."

그렇다면 이들 부부가 찾아낸 기후대응 기술은 무엇일까? 알고 봤더니 첨단기술도, 신기술도 아니었다. 그저 토양을 비옥하게 하는 일이었다. 먼저 퇴비를 많이 준다. 퇴비는 와인 생산 공정에서 나오는 유기성 폐기물을 재활용해 직접 만든 것이었다. 그다음으로는 풀을 많이 심었다. 포도나무 밑에 여러해살이 녹비작물을 심어 수확이 끝난 겨울철에도 파란 풀이 농장 바닥을 뒤덮게 만들었다. 곳곳에 나무 울타리를 쳐 야생동물과 곤충과 새들의 서식처를 제공하기도 했다.

또 밭을 가는 경운작업을 최소한으로 줄였다. 그 결과 뿌리를 깊이 내린 풀들이 농장을 뒤덮었다. 포도를 묶을 때 쓰는 끈은 플라스틱 대신 자연분해되는 식물성을 사용했고, 가지치기한 포도덩굴은 태우지 않고 잘라서 다시 흙으로 돌려보냈다.

쉽지 않은 실천이지만, 방식 자체는 한국의 친환경 농민들도 많이 하는 것이다. 그런데 이런 농사 방식이 기후변화에 효과적으로 대응하는 길인 걸까?

"탄소를 토양에 가둬놓는 다양한 식물이 자라납니다. 토양이 물을 보유하는 용량이 늘어나면 적은 물로도 포도나무를 키울 수 있죠."

질 클라인 씨는 '탄소'를 언급했다. 건강한 토양이 온실가스의 원인물질인 이산화탄소 배출을 줄일 수 있다는 것이다. 실제로 캘리포니아 식품농업부는 건강한 토양 만들기에 관해 이런 홍보문구를 사용하고 있다.

건강한 토양 프로그램을 통한 온실가스 저감효과는 매년 도로 위에 있는 자동차 8423대를 없애는 것과 같습니다.

궁금했다. 어떤 원리로 우리 발밑 토양이 온실가스를 저감할 수 있는 건지.

토양이 이산화탄소를 저감시킬 수 있다?

1990년대 초반, 라탄 랄이라는 미국 오하이오주립대학의 토양학자가 두 명의 미국 농무부 동료들과 함께 당시로서는 충격적인 내용을 담은 보고서를 작성했다. '토양'이 대기 중 이산화탄소 농도를 저감시킬 수 있다는 최초의 서면 보고였다.

원리는 너무나 간단했다. 식물은 대기 중 이산화탄소를 흡수해 광합성을 한 뒤 남은 탄소를 토양에 저장하는데, 토양은 마치 스펀지처럼 대기 중에 떠 있는 이산화탄소를 계속 제거할 수 있으며, 토양 속에 탄소가 많아지면 작물 재배에 좋은 비옥한 땅이 된다는 것이다. 이것이 바로 토양 속에 탄소를 가둬놓을 수 있다는 '토양의 탄소격리Sequestration' 개념이다.

"우리 농사 방식이 (탄소 잡는) 토양의 능력을 도울 수도, 방해할 수도 있어요. 예를 들어 농민이 밭을 갈 때 쟁기질(경운)을 심하게 하면 토양 속에 저장된 탄소들이 빠져나와 대기 중 이산화탄소로 배출됩니다. 반대로 쟁기질을 최소화할수록 탄소 배출을 막고요. 수확이 끝난 밭에 토양을 덮는 피복작물을 심으면 비나 바람에 토양이 침식되는 걸 막고, 탄소가 배출되는 것도 막습니다."

라탄 랄 교수는 '농업 분야 최다 인용 상위 1% 연구자'로 3년 연속 이름을 올린 세계에서 가장 영향력 있는 과학자 중 한 사람이다. 오하이오주립대학 '탄소관리및격리센터'를 이끌어온 그는 지난 2004년 〈사이언스〉에 논문을 게재해 "황폐화된 경작지 토양에 1톤 분량의 토양 탄소가 늘어날 경우, 밀 수확량이 헥타르당 20~40킬로그램 증가되는 등 작물 수확량이 늘 뿐 아니라, 화석연료를 통해 매년 배출되는 탄소의 10~15%를 토양 속에 가둘 수 있다"라고 밝혔다. 토양을 살리면 식량위기만이 아니라 기후위기에도 대처할 수 있다는 것이다.

"인류는 기후변화에 대해 확실한 답을 갖고 있지 못하지만, 농업은 우리가 손을 뻗으면 바로 잡을 수 있는 위치에 매달린 열매(해결책)입니다. 답은 우리 발밑에 있어요."

사실 우리 발밑 토양은 거대한 탄소 저장소다. 과학자들에 따르면 지구 토양 속에 약 2500기가톤의 탄소가 있는 것으로 추정되는데, 이는 공기 중에 떠 있는 탄소량의 3배 이상이고, 모든 살아 있는 동식물의 몸을 이루는 탄소량의 4배가 넘는다.

문제는 산업혁명 이후 150년간 토양으로부터 대기로 배출된 탄소량이 산업혁명 전 7800년간 토양에서 자연적으로 빠져나온 탄소량의 무려 42.5%에 달한다는 점이다. 중장비를 동원해 쉴 새 없이 농토를 뒤집는 대규모 기업농들과 토양 침식, 사막화 등 잘못된 토지이용이 수천 년간 땅속 깊이 묻혀 있던 탄소들을 아주 빠른 속도로 공기 중으로 배출시켜 온실가스로 만들고 있는 것이다. 이를 뒤집어 생각해보면, 만일 농업의 토양 관리 방식이 바뀐다면, 탄소 배출을 줄이고 작물이 잘 자라게 해 이산화탄소를 잡아둘 수 있다는 말이 된다. 그래서 지난 2015년 파리 기후변화협약에서는 프랑스 주도로 전 세계 토양의 탄소 저장 능력을 늘리기 위한 "4 PER 1000" 국제 이니셔티브가 출범했다. 토양 내 탄소 축적량을 매년 1000분의 4, 곧 0.4%씩만 늘려도 이산화탄소 증가를 크게 줄일 수 있다는 이야기다.

농업은 기후변화에 맞서 싸우는 데 큰 도움이 됩니다. 인간의 활동은 엄청난 양의 이산화탄소를 대기로 방출해 기후변화를 가속화하지만, 매년 이산화탄소의 30%는 광합성을 통해 식물이 흡수하고, 식물이 죽고 분해되면 박테리아, 곰팡이 또는 지렁이와 같은 토양의 살아 있는 유기체가 그들을 탄소가 풍부한 유기물로 변형시킵니다. 지구 토양은 대기보다 2~3배 많은 탄소를 함유하고 있는데, 이 탄소 수준이 매년 0.4% 증가하면 대기 중 이산화탄소의 증가가 크게 줄어듭니다("4 PER 1000" 국제 이니셔티브 누리집에 나온 출범 취지).

탄소를 많이 보유한 토양은 기후위기 대응에만 도움이 되는 게 아니다. 캘리포니아 농민들이 겪고 있는 실질적 문제들을 해결하는 실마리가 되기도 한다.

토양을 살려 가뭄을 극복하는 아몬드 농장

캘리포니아 주 머데스토의 한 아몬드 농장. 한겨울인 12월인데도 아몬드나무 밑에는 풀들이 초록색 카펫처럼 깔려 있다. 농민이 심은 겨자나무와 클로버가 흙을 푸르게 뒤덮은 것이다. 흔한 풍경은 아니다. 대부분의 아몬드 농장은 제초제를 뿌려 아몬드나무 밑의 풀들을 깨끗이 제거한다. 아몬드 열매를 땅에 떨어뜨려 수확해야 하는데 풀이 무성하면 작업 효율이 떨어지기 때문이다. 그런데 이 농장의 주인은 오히려 겨자나무와 클로버를 아몬드나무 아래 잔뜩 심어놓았다. "이봐, 우리는 잡초농사가 아닌 아몬드농사를 짓는 거야"라는 이웃 농가들의 핀잔을 들으면서도 말이다. 이유가 있었다. 흙을 살려 가뭄을 극복하기 위해서다.

"우린 물이 없었죠. 그 경험은 사물을 달리 보게 했어요."

농장 주인 호세 로블레스는 NPR과의 인터뷰에서 극심한 가뭄으로 나무에 줄 물의 양을 줄여가던 중 발상의 전환을 했다고 말했다. 가만히 보니 유기물이 많은 건강한 토양일수록 땅속에 더 많은 수분을 보유하고 있더라는 것이다. 실제로 탄소가 많이 함유된 토양은 수분을 많이 보유하고 질소나 인 같은 비료 성분들이 하천으로 흘러가지 못하도록 잡아둔다. 그래서 그는 나무 밑에 식물을 심은 것이다. 의도적으로 심은 식물은 '잡초'가 아니라 토양을 덮어 탄소 배출을 막는 '피복작물'이었던 셈이다. 물론 풀이 너무 웃자라지 않도록 수시로 깎아주고 퇴비를 뿌려주는 등 전보다 손은 훨씬 많이 갔지만 그는 이미 확실한 차이를 확인했다고 한다.

"아몬드 나무가 수분을 더 오래 보유하니까 스트레스를 덜 받아요."

로블레스 역시 캘리포니아 주가 운영하는 '건강한 토양 프로그램'으로부터 2만 1000달러(약 2300만 원)의 보조금을 받고 있다. 그런데 이 많은 보조금은 어디에서 나오는 걸까?

탄소배출권 거래수익으로 살아나는 토양

캘리포니아 주는 2만 5000에이커(약 3000만 평)에 달하는 농지에 '건강한 토양 프로그램'을 적용해 지원하고 있다. 지원 금액은 2016년부터 2019년까지 4년간 4050만 달러, 우리 돈으로 약 447억 원 규모였다. 매년 100억 원 넘게 토양 살리기에 투입한 셈이다.

놀라운 것은 이 돈이 주 정부의 예산이 아니라 탄소배출권 거래시장에서 나오는 수익금이라는 것이다. 수십억 달러 규모의 탄소배출권 거래시장이 운영되는 캘리포니아 주는 여기에서 나오는 수익을 기후변화 대응에 재투자하는 '캘리포니아 기후투자 California ClimateInvest'라는 공공프로그램을 운영하고 있다. 온실가스 배출량 저감 활동이나 사회적 약자들의 생활환경 개선에 탄소 수익금을 재투자하는 활동의 일환으로 토양 살리기를 벌이는 것이다.

"토양은 변화하는 기후를 안정시킬 수 있도록 돕는 힘이 있습니다. 토양은 식물과 미생물의 도움을 받아 대기 중 온실가스를 포집하고 이를 땅속에 저장하지요. 대기와 토질 모두 좋아지는 거예요."

캐런 로스 캘리포니아 주 농식품부 장관은 2019년 NPR과의 인터뷰에서 농업과 토양이 캘리포니아 주의 기후 목표를 이루는 데 매우 중요한 역할을 할 수 있다고 말했다. 퇴비 사용에 대한 농장 간의 워크숍을 지원하고, '건강한 토양 주간'을 운영하며 매년 연방정부-주정부 관련 기관 간의 토양 살리기 성과를 공유하고 확산을 꾀하기도 한다. 그래서 이런 사업을 취재한 NPR은 캘리포니아 주의 기후대응 신무기는 '토양'이라고 보도하기도 했다.

한국도 '탄소농사'를 지원하고 있을까?

캘리포니아 주의 사례는 한국에 많은 점을 시사한다. 특히 탄소배출권 거래시장 수익금을 활용해 적극적인 토양 살리기에 나선 점은 중앙정부나 지자체 차원에서 눈여겨볼 대목이다. 토양학자 최우정 전남대 교수(기후변화대응농생명연구소장)는 한국의 토양은 유기물이 부족해 더 많은 탄소를 저장할 수 있다며, 농정당국의 과감한 정책 전환이 뒷받침된다면 한국 농업이 2050년 탄소중립을 이루는 데 매우 효과적인 무기가 될 것이라고 강조했다.

"논을 예로 들면, 쌀 수확이 끝난 뒤 논에 볏짚이 남아 있잖아요. 이걸 소 사료로 주면 탄소가 밖으로 빠져나가는 것이지만 다시 토양으로 되돌리면 토양 유기물이 되어 식물이 잘 자라고, 식물은 더 많은 이산화탄소를 잡아올 수 있죠. 이것이 '탄소 격리' 개념입니다. 특히 한국 토양은 유기물 함량이 낮아서 더 많은 탄소를 저장할 수 있습니다. 농업 분야의 기후변화 대응은 재해보상 등 사실상 피해보상 중심으로 수동적인 면이 있는데, 농민들이 토양에 탄소를 저장해 소득을 얻는 '탄소농사'를 지을 수 있도록 조금 더 과감한 정책적 전환이 있어야 합니다."

우리 농사 속담에 "중농은 작물을 가꾸고 상농은 흙을 가꾼다"라는 말이 있다. 아무리 날씨나 기술이 좋아도 땅심을 높이지 않고는 풍년을 기대하기 힘들다는 조상들의 지혜가 담겨 있는 속담이다.

날씨마저 기대할 수 없어진 지금, 토양을 잘 가꿔 탄소농사를 짓는 '상농'들이 많아지면 식량위기를 극복하는 걸 넘어 궁극적으로 지구를 살릴 수 있을 것이다. 농정당국의 과감한 '토양 살리기' 정책이 필요한 때다.

농민과학자는 봄이 와도
밭을 갈지 않는다

봄이 오면 들녘을 깨우는 소리가 있다. 논을 갈고 밭을 가는 농부들 소리다. 예전에는 말 잘 듣는 황소가 쟁기를 끌 때마다 딸랑딸랑 워낭소리를 냈다면, 요즘에는 힘센 트랙터와 경운기가 텅텅거리는 엔진 소리를 내며 검은 연기를 뿜어댄다. 농부들은 봄이 오면 겨우내 묵혔던 땅부터 갈아엎어야 한다고, 그게한 해 농사의 시작이고 그래야 흙이 부드러워지고 잡초나 병해충을 줄일 수 있다고 배웠다. 그래서 등골이 휘어지도록 밭을 갈았고 조금이라도 더 깊게 갈아야 부지런하다고 칭찬받았다.

그런데 이 오래된 관념에 의문을 가져온 사람들이 있다. 꼭밭을 갈아야 하는 것은 아니라고, 논과 밭을 갈아엎을수록 땅속에 저장된 탄소가 배출돼 지구가 힘들어한다고, 오히려 밭을 갈지 않고 관리했더니 돈은 덜 들어가고 수확량은 갈수록 늘더라는, 무경운과 최소경운 농법의 실천가들이다.

묵묵히 현장에서 데이터를 축적해온 그들의 목소리는 대기 중 이산화탄소가 끔찍한 변화를 일으키고 있는 기후위기 시대에 더욱 주목받고 있다.

자연재해로 망해가던 농장을
'무경운'으로 되살린 게이브 브라운

미국의 곡창지대인 노스다코타 주에 게이브 브라운이라는 농부가 있다. 가업으로 물려받은 목장에서 소를 키우며 밀밭을 일구던 그는 자연재해로 거의 망하기 직전까지 갔다. 1995년과 1996년에는 거대한 우박이 떨어져 농사를 망쳤고, 이듬해인 1997년에는 눈보라가 휘몰아쳐 소들이 죽었다. 그리고 그 이듬해인 1998년에는 또다시 우박이 떨어졌다.

웬만한 농민은 거기서 나가떨어졌겠지만 게이브 브라운은 포기하지 않았다. 그는 농사 방식을 완전히 바꿨다. 토양을 되살리는 '재생농업', 곧 밭을 갈지 않고(무경운) 작물로 흙을 덮어(피복작물) 토양 유기물 함량을 늘리고, 흙 속 생태계를 되살려 땅심을 높인 것이다. 화학비료와 살충제, 살균제를 뿌리지 않았고 잡초를 잡는 제초제 사용량도 점점 줄였다. 유전자변형GMO 종자는 쓰지 않았고 GMO 작물에 뿌리는 치명적인 제초제 '글리포세이트'도 살포하지 않았다. 또 소를 방목하면서 목초지를 윤작했다. 중장비로 밭을 갈아엎고 농약과 비료를 사용해 농사를 짓던 기존 농법과 과감히 결별하고 자연과 더불어 농사를 지으며 생산성과 수익성 그리고 농부의 삶의 질을 높여나간 것이다.

20년 만에 그는 5000에이커(약 612만 평) 규모의 농장을 운영하며 토양 관리의 모범사례로 우뚝 섰고, NBC 방송은 그를 '재생 무경운 농업의 개척자'로 소개했다. 2020년 개봉된 넷플릭스의 기후위기 다큐멘터리 〈대지에 입맞춤을〉에 출연한 그는 이렇게 말했다.

"흙 속 유기물이 1% 증가할 때마다 토양은 4000제곱미터당 10톤의 탄소를 더 흡수합니다. 효과가 굉장하죠? 우리는 경운(논밭갈이)을 줄여야 해요. 덮개작물을 기르고 늘 작물 뿌리가 살아 있게 해야 합니다. 아무것도 자라지 않는 나지 기간이 없어야 하죠. 물의 순환을 복원하려면 이 원칙을 따라야 합니다."

게이브 브라운은 20년간의 재생농업 성과를 지역 연구자들과의 협업을 통해 한 권의 책으로 정리해 출간했다. 책 제목은 《흙에서 토양으로Dirt to Soil》이며 부제는 "재생농업에 이르는 한 가족의 여정"이다. 그의 아들은 노스다코타대학을 졸업한 뒤 함께 농사를 짓고 있고, 딸 역시 지역에 살면서 가능할 때마다 농사일을 돕는다.

무경운 농법을 연구해온 양승구 박사

이런 게이브 브라운의 사례를 말하면 '그건 다른 나라 이야기'라며 냉소를 보내는 사람들이 있다. 무경운 윤작은 경지면적이 넓은 미국이나 유럽에서나 가능한 사례이고 경지면적이 작은 우리 실정에는 맞지 않는다는 것이다. 과연 그럴까? 2021년 3월 농업 분야 탄소중립 관련 국회 토론회 때였다. 농식품부 관료는 "식량안보 때문에 농업 분야 탄소중립에 어려움이 많다"라고 말했다. 무경운 등 탄소 농업을 실천하려 해도 생산량이 떨어져서 농민들이 받아들이지 않을 거라는 논리였다. 그러자 한 농민이 무경운을 해도 생산량이 떨어지지 않는다고 반박했다. 그는 이날 토론회에 정식 패널로 초대받지 않았지만 탄소중립에 관심이 많아 일부러 지방에서 올라온 양승구 박사였다.

"저는 농촌지도사로 퇴직 후 농사를 지으며 저탄소 인증도 받아보았고, 자발적 온실가스 감축 1호로 등록해 벼농사도 지었습니다. 저는 수경재배를 전공했음에도 무경운에 빠져 2007년부터 2017년까지 연구한 뒤 제 논에서 5년째 농사를 짓고 있습니다."

양승구 박사는 전라남도 농업기술원에 근무하던 2011년 '고추 무경운 재배 기술'을 개발한 공을 인정받아 정부로부터 근정포장을 받은 농업 연구자다. 갈수록 고령화되는 농촌에서 '쟁기질 없는 농업'을 통해 농민의 행복과 소득을 함께 높일 방법을 찾다 무경운 농법을 접했다는 그는 '힘든 밭일'로 통하는 고추농사와 가격 폭락을 거듭하는 배추농사, 주로 온실재배를 하는 멜론농사에 무경운 농업을 적용해보며 실험 자료를 모았다.

결론은 무경운을 해도 수확량이 떨어지지 않을뿐더러 해가 갈수록 그 반대로 수확량이 올라간다는 것이었다.

"예를 들어, 멜론 시설원예를 할 때 일 년에 3~4회 농사를 짓습니다. 그때마다 시설을 모두 거두고 흙을 갈아엎는데, 만약 갈아엎지 않고 무경운으로 멜론농사를 지으면 그 과정에서 많은 노동력과 에너지를 아낄 수 있어요. 게다가 수확량도 떨어지지 않습니다. 오히려 해가 갈수록 수확량이 올라가고 품질도 좋아지죠."

물론 반발도 만만치 않았다고 한다. '어떻게 밭을 갈지 않고 수확량을 유지하느냐' '데이터를 못 믿겠다'와 같은 불신이었다. 그럴수록 그는 더 방대하고 탄탄한 실험데이터를 보강해 설득해나갔다.

"굉장히 많은 저항을 받았어요. 발표도 하지 못하게 하는 상황이었습니다. 그러나 지금은 무경운이라는 말을 연구자들이나 토양 전문가들도 쉽게 이야기하는 상태가 되었지요."

앞으로 농업은 '탄소 저장 산업'으로

그는 탄소중립이라는 전 지구적 과제도 농사짓는 농민이 행복하지 않으면 의미가 없다고 말한다. 농업도 업이기에 소득이 높아야 하고 삶의 질이 보장되어야 한다는 것이다. 그래서 탄소를 저장하는 좋은 취지의 농업이 성공하려면 농민 소득이 줄어들어서는 안 된다는 관점에서 줄곧 수확량 증감 추이를 관찰해왔는데, 이제는 자신 있게 "무경운을 할수록 수확량과 품질이 올라가고, 고된 농사일을 덜 수 있다"라고 말한다.

그는 이날 국회 토론회에서 국가연구기관인 농촌진흥청이 3년 계획으로 시행하고 있는 '무경운 등 탄소 농업 시험 재배' 연구를 소규모로 할 것이 아니라 실제 농가에 적용할 수 있을 만큼 단지화된 규모로 확대했으면 좋겠다는 바람을 전했다.

실제로 농촌진흥청은 2020년 6월, 벼농사 모내기에 필요한 경운, 로터리, 써레질의 3단계 농작업을 생략한 '최소 경운' 방식으로 노동력과 생산비를 절감하면서 온실가스를 감축할 수 있다는 연구 결과를 발표하기도 했다.

양승구 박사와 게이브 브라운처럼 오래된 관념에 맞서 실전 데이터를 모아온 농민 과학자들은 공통적으로 말한다. 문제 해결에 있어 가장 큰 장애물은 '고정관념'이라고. '한번 해보자'라는 도전정신이 우리가 직면한 기후위기와 식량안보 문제를 동시에 해결하는 '기적'을 낳는 출발점이라는 것이다.

기후변화대응농생명연구소 소장인 최우정 전남대 교수는 농업을 바라보는 관점의 변화가 절박하게 필요하다고 말한다. 농업은 탄소 배출량이 적으니까 무시해도 좋은 산업이 아니라 대기 중에 떠 있는 이산화탄소를 흡수해 저장할 수 있는 '탄소 저장 산업'이자 다가올 식량위기 상황에서 먹거리 안보를 지켜낼 '모두의 미래'이기에 적극적 대응이 필요하다는 것이다.

"지금까지 우리가 너무 편협된 사고를 갖고 있었던 것 같아요. 한쪽만 본 거죠. 농업 분야 온실가스 배출량이 국가배출량의 2.9% 정도 된답니다. 어떻게 보면 농업 분야의 국내총생산GDP 비율하고 비슷한 것 같은데요. 농업 분야 배출량이 적으니 무시해도 된다고 생각할 수 있겠죠? 하지만 지금까지 배출량 산정에만 너무 관심을 두었어요. 중요한 목적은 '대기 중 온실가스 농도를 줄이는 것'입니다. 곧 대기 중 온실가스를 흡수해 저장해야 하는데 그 적절한 장소가 어디냐면 '토양'이라는 것입니다. 도시나 제조업에서 배출된 이산화탄소를 농업·농촌이 다시 흡수해 준다면 그만큼 효과가 있다고 생각해요. 앞으로 농업을 '탄소를 저장하는 산업', 농촌을 '탄소를 흡수하는 마을'로 상정해 방향을 잡아보면 어떨까 합니다."

'무경운 모내기'에 도전한
70세 농부

"로터리도 안 치고 풀만 무성한 논에 어떻게 모를 심겠다는 것이여?"

땅을 갈아엎지 않고 그대로 모를 심는 '이상한 모내기'는 2021년 6월부터 시작되었다. 전남 곡성군 죽곡면 신풍리. 풀이 무성한 논에 모를 심는 이앙기가 들어가자 구경 나온 사람들은 의아해했다. 그러나 '윙' 하며 이앙기가 돌아가자 궁금증이 풀렸다. 일반적인 이앙기가 아니었기 때문이다. 무경운을 위해 특수하게 개조된 이앙기였다. 사람 손을 대신해 모를 심는 '식부장치' 앞에 길쭉하게 생긴 날들이 장착돼 있는데, 바로 이 날들이 모가 심길 만큼의 땅을 갈아주는 것이다.

이앙기는 그 틈으로 모를 심어나갔다. 기계에는 '어떻게든 논밭을 갈아엎지 않고 쌀을 생산해보겠다'라는 농부의 마음이 담겨 있었다. 전남 곡성군에서 평생 농사를 지어온 김현인, 이광

수, 박기범, 조해석 농부는 '땅속 미생물과 지구를 지키는 농사'를 하겠다며 난생처음 '무경운 모내기'에 도전했다.

무경운 모내기를 주도한 김현인 농민은 70세였다. 그 연배에 새로운 도전을 하는 것 자체가 대단해 보였다. 그는 "농민의 나이로 본다면 창창한 현역이죠"라면서 멋쩍게 웃었다. 그가 살아온 길은 범상치 않았다. 서울대 농대 원예학과를 졸업한 뒤 안정된 직장 대신 전남의 청정지역을 찾아 귀농했다. 이후 40여 년간 화학비료와 농약을 쓰지 않고 농사를 지어왔다. 소득이 쏠쏠해 자녀 교육비를 벌 수 있었던 과일농사를 짓던 중 우루과이라운드로 쌀시장이 개방되자 '나라도 쌀을 지켜야겠다'면서 벼농사로 주 종목을 바꿨다. 이후 벼농사의 중요성을 알리는《논 벼 쌀》이라는 책을 쓰기도 했다. 곡성군 농민회 활동을 꾸준히 해오면서 개방농정에 온몸으로 맞선 아스팔트 농사꾼이기도 하다. 그런 그가 왜 칠순을 바라보는 나이에 '무경운'에 도전한 걸까?

"전적으로 코로나19 때문에 결심하게 됐습니다."

40여 년간 유기농업을 하면서 자연을 유심히 관찰해온 그의 눈에 농사현장은 벼 도열병과 같은 작물계의 '팬데믹'이 지배하고 있었다. 왜 이런 병이 매년 찾아오는지 근본 원인을 생각해봤더니 '식물의 면역체계'가 무너졌다는 생각이 들었다고 한다. 중장비로 논과 밭을 완전히 갈아엎고 화학농약을 살포하는 지금의 농사 방식이 식물과 공생하며 건강한 면역체계를 만들던 땅속 미생물들을 없애 결국 '팬데믹'을 불렀다는 것이다. 그런데 작물만이 아니라 사람에게도 팬데믹이 찾아오자 위기의식을 느낀 것이다.

"인간은 생태계에서 가장 멀리 떨어져 있으면서 가장 폭넓은 면역체계를 가지고 있는 존재예요. 그런데 이게 깨진 거죠. 흔히 이야기하는 지구의 여섯 번째 대멸종의 시대를 맞이하는 게 아닌가 하는 생각이 들어서 유기농과 관련된 처치마저 중단한 뒤 새로운 방법을 찾은 거지요."

지난해 모내기를 마친 뒤부터 이런 고민을 했다고 한다. 모를 심고 나면 온갖 벌레와 병균이 달라붙기 마련인데, 병이 생길 즈음 식물의 무너진 면역체계를 되살릴 해법을 찾기 시작했다. 그때 '근본으로 돌아가야겠다'라는 생각이 들었고, 땅을 건들지 않는 무경운 농사를 떠올렸다고 한다.

"출발은 땅을 건들지 않는 무경운이어야 한다고 생각했어요. 땅이 흡수해 저장하는 탄소가 공기 중에 떠 있는 탄소보다 더 많다고 하지 않습니까? 그런데 땅을 건들면 그것들이 배출되어 기후위기를 악화시키는 면도 있죠."

토양의 탄소 저장 능력을 향상시키는 것만이 아니라 흙 속 미생물 생태계를 복원하는 것도 중요한 이유였다. 중장비로 땅을 갈아엎는 농사 방식이 흙 속 미생물을 어떻게 파괴하는지 그는 생생하게 표현했다.

"트랙터 무게가 보통 2~3톤 정도 되는데, 그 무게 때문에 작물이 크는 작토층(지표에서 20~30센티미터)을 제외하고 그 아래 땅은 완전히 돌덩이가 돼요. 미생물이 살 수 없을 정도로요. 더구나 고속의 로터리가 지나면서 나오는 마찰열과 소음, 진동으로 작토층 외에는 거의 미생물이 사라진다고 봐야 합니다."

그는 무경운만이 미생물 생태계의 파괴를 막을 방법이라고 봤다. 그러면서 무경운의 장점 몇 가지를 열거했다. 미생물 사체가 계속 쌓이면서 최고의 거름이 된다는 것, 트랙터 같은 중장비에 대한 의존도를 줄여 농가 부채를 줄일 수 있다는 것, 기계로 사라져버린 농촌 문화를 조금씩이나마 되살릴 수 있다는 것 등이었다.

"옛날에는 모 심는다고 '못밥'(모내기하면서 먹던 밥) 같은 것도 나눠 먹었는데, 지금은 기계가 해버리니까 들녘에 기계소음 말고는 아무것도 없죠. 노래가 사라지고 대화도 없고…. 농촌 문화의 양상이 완전히 바뀐 거죠. 그런 점에서 무경운은 반드시 해야 하는, 거부할 수 없는 기초적인 것이겠구나 싶었습니다."

김현인 씨는 무경운 대상으로 우선 벼농사를 꼽았다. 밭농사보다는 벼농사에서 무경운이 훨씬 쉽고, 우리나라 벼농사에서만 무경운이 적용되어도 탄소 배출을 상당량 줄일 수 있다는 판단 때문이다.

"벼농사에서 무경운은 밭작물보다 훨씬 용이합니다. 모내기 때 딱 한 번 하고 나면 기계가 땅에 들어갈 일이 없죠. 수확할 때 콤바인을 쓰긴 하지만(물론 무게는 있지만) 한번 훑고 지나가는 거니까. 더구나 농촌진흥청 조사에 따르면 우리나라 농업부문에서 배출되는 탄소의 약 19퍼센트 정도를 바로 줄일 수 있다고 합니다. 그뿐 아니라 벼 자체가 산소 발생이 굉장히 많은 작물이에요. 아마존 밀림보다 두 배가량 많은 산소를 발생한다고 합니다. 또 벼는 다른 작물보다 산출되는 곡물량 대비 거름 요구량이 훨씬 적습니다. 산소는 많이 뿜어내고 탄소는 많이 잡아들이는 셈이죠. 그러니 벼농사야말로 무경운을 하기에 가장 좋은 영역이지요."

결심을 굳히고 겨우내 실무적인 준비를 해온 그는 연초 곡성군 농민회원들이 모인 '농민회 총회'에서 열변을 토했다. 농민운동이 앞장서서 코로나19로 신음하는 국민에게 '답'을 제시해 보자고 말이다.

"그동안 농민회가 데모만 한다는 평을 많이 들었어요. 농민회가 자기 이익만 챙기는 집단이 아니라 온 국민이 신음하고 있는 이때에 뭔가 희망을 주는 존재가 되어야 하지 않겠느냐면서 제안을 했어요. 무경운을 하자고."

그의 발언은 농민들 가슴을 흔들었고, 십여 명의 농민이 참여하기로 뜻을 모았다. 그러나 모내기 날이 다가오자 네 명만 남았다. 수확량이 줄 수 있다는, 아직 검증되지 않은 방식이라는 현실적 걱정이 있었던 것이다. 그래서 사람들 눈이 더욱 무경운 모내기에 쏠렸다.

결과는 어땠을까? 절반의 성공이었다. 무경운을 위해 개량한 이앙기는 모가 심길 만큼의 땅을 갈라주었지만, 일부는 엉뚱한 곳을 가르기도 했고 힘이 모자라기도 했다. 중간중간 제대로 심기지 않은 '뜬 모'가 발생해 모내기 이후 손으로 뜬 모를 바로 심는 고된 수작업을 해야 했다. 그럼에도 기계의 어떤 부분을 바로잡아야 할지 명확히 알게 되었다는 수확도 있었다.

"땅을 가르는 부분의 위치가 잘못되어 있었어요. 엄한 데를 가른 거죠. 그리고 이앙기의 출력이 약한 건 조금 심각한 문제인데 이를 바로잡으려면 엔진을 바꿔야 해요. 그런데 그렇게 되면 미션이라든지 여러 부속에 영향을 주기 때문에 해결이 간단하지만은 않습니다.(웃음)"

사실 그동안 무경운 농사에 사용한 농기계 개발은 철저히 개인의 영역이었다. 농기계 회사는 개발에 뛰어들지 않았고, 국가 연구기관은 최근에야 관심을 갖기 시작했기 때문이다. 무경운 이앙기를 구해보려고 이리 뛰고 저리 뛰던 농민들은 우리나라 최초의 무경운 농사 연구자인 양승구 박사가 개발한 이앙기를 만났다. 하지만 양 박사가 전남농업기술원에 재직하던 시절 개발한 이 기계는 양 박사가 퇴직한 뒤 철저히 개인 차원에서 개량했기에 농사 현장에 적용하기에는 무리가 있었다.

"기계를 어떻게든 다시 개량해서 만드는 것이 저의 최대 목표예요. 여기저기 쫓아다니면서 돈을 만들어야겠어요.(웃음)"

농민은 간절한 의지를 밝혔다. 이처럼 환경 기여도가 큰 기계를 개인이 개발하고 계량하는 게 맞는 걸까? 답답한 마음에 마지막 질문을 던졌다. 무경운 모내기가 끝난 뒤 채 심기지 않은 뜬 모를 일일이 손으로 심을 때 심정이 어땠냐고.

"농사짓는 사람에게는 다 비애가 있습니다. 사회적으로 천대받아온 것, 그리고 농업정책 관련 데모도 많이 하고 죽기도 많이 죽었잖아요? 그런 비애 속에서 끝내 싹이 튼다는 생각으로 모떼기(손으로 뜬 모를 심는 작업)를 했지요."

그는 기계의 문제점만 보완하면 무경운으로 농사짓는 데 큰 어려움이 없을 것이라고 말했다. 농민들이 갖고 있는 일반 이앙기에 '무경운 장치'만 부착하면 되기에 가격 부담도 적고, 제초나 수확량 감소 문제도 보완책이 충분하다는 것이다. 그는 "펀드 하나 만들어 주시죠"라고 너털웃음을 지으며 다시 들녘으로 돌아갔다.

꽃 사진 한 장 찍어 보내도
훌륭한 기후대응이 된다

2022년 4월, 다시 봄이 찾아왔다. 벚꽃 흐드러지게 피어난 벚나무 터널을 걷는 사랑하는 연인 혹은 가족의 행복한 모습들…. 어디 벚꽃뿐일까. 배꽃, 복숭아꽃, 살구꽃, 사과꽃 등 벚꽃 못지않은 자태를 지니면서도 우리에게 유익한 열매를 선사하는 과일 꽃들이 줄줄이 만개하는 봄이다.

그런데 이 무렵, 사람들에게 독특한 주문을 하는 이들이 있다. 영국 과학자들이다.

"당신 주변의 벚꽃(서양체리나무)과 사과꽃의 개화 시기를 기록해 알려주세요."

한국에서 벚꽃은 관상용이지만 서양에서는 당도 높은 체리가 열리는 과일 꽃으로 통한다. 이런 과일 꽃들의 개화 시기를 시민 참여를 통해 폭넓게 추적 조사하려는 연구자들은 바로 영국 레딩대학의 기후변화 과학자들이다.

"많은 사람이 정원이나 주말농장, 과수원, 공원에서 본 것들을 알려주었으면 해요. 정말로 기후변화가 과일나무의 수분작용(꽃가루의 수정·번식) 시기에 영향을 미치고 있는지, 가능하면 더 많은 나무를 더 많은 사람이 관찰해서 알려주었으면 좋겠습니다. 과일 생산에 중대한 영향을 끼칠 변수들에 대비할 수 있으니까요."

레딩대학에서 기후변화와 수분작용을 연구하는 크리스 위버 연구원의 말이다. 그는 '프루트와치Fruitwatch'라는 과일나무 관찰 프로젝트를 이끌고 있다. 영국 〈가디언〉에 따르면 레딩대학 과학자들은 이 프로젝트를 위해 소프트웨어 기업인 오라클과 함께 시민들이 직접 과일나무의 개화 시기를 관찰하고 촬영해 보내줄 수 있는 웹사이트를 개발했다. 기후변화로 갈수록 꿀벌과 같은 꽃가루 매개 곤충의 활동 시기와 꽃의 개화 시기가 어긋나고 있다는 걱정 때문이다. 꿀벌들이 꽃가루를 실어 나를 준비가 되기도 전에 과일 꽃이 만개하면 수분작용이 원활하지 않아 나무는 나무대로, 꿀벌은 꿀벌대로 피해를 보게 된다.

"화분 매개 곤충과 과일나무 사이의 동조가 맞아떨어지지 않는다는 건 결국 더 비싸면서도 낮은 품질의 과일이 열린다는 걸 뜻해요. (꿀벌과 같은) 화분 매개 곤충들은 지구를 위해 엄청난 일을 하고 있습니다. 그들이 만일 이 역할을 할 수 없게 된다면, 누군가 수분 활동을 대체해야겠죠. 아마 인간이 해야 할 겁니다."

과학자들은 사과, 배, 체리, 자두 네 가지 과일나무의 개화 시기를 연구 대상으로 삼고 있다. 이들이 개발한 프로그램에 들어가보니 굉장히 쉬웠다. 먼저 이런 인사말이 나온다.

"영국 전역에서 과일나무 개화 시기가 어떻게 변화하고 있는지 이해하려면 귀하의 도움이 필요합니다. 귀하의 도움으로 사과, 배, 체리, 자두 네 가지 데이터를 수집하고 있습니다."

관찰 기록 제출은 크게 3단계로 진행된다. 1단계는 나무를 관찰한 날짜와 위치 정보 기록으로, 날짜를 선택한 뒤 지도를 클릭해 관찰한 위치를 찍으면 위도와 경도가 계산되어 나오는데, 참여자들은 이 위치에 대해 부연 설명을 달 수 있다. 2단계는 관찰한 나무의 종류와 개화 단계 기록으로 역시 어렵지 않게 구성되어 있다. 우선 내가 본 과일나무가 사과나무인지 배나무인지 등을 구분해 선택한다. 그러면 사과 중에서도 품종명이 무엇인지 고를 수 있는 리스트가 나오는데, 잘 모르겠으면 '잘 모름'을 누르면 되고, 리스트에 없는 품종이면 직접 써넣을 수도 있다. 그다음은 '개화 단계'를 입력하는 과정인데, 개화 단계는 아래 다섯 가지 중 하나를 선택할 수 있다.

A: 첫 꽃이 피었음.

B: 개화 초기(10~30%).

C: 만개함(최소 50% 이상 개화).

D: 시들기 시작함(대부분의 꽃잎이 떨어짐).

E: 모든 꽃잎 떨어짐.

단계 구분이 애매하면 옆에 게시된 예시 사진을 보고 고를 수도 있다. 그리고 마지막 3단계는 사진 첨부다. 내가 관찰한 나무와 꽃 사진을 첨부해 입력하면 "참여해주셔서 고맙습니다"라는 메시지가 뜬다.

프로그램을 설계한 오라클의 선임 개발자 리치 피츠는 〈가디언〉과의 인터뷰에서 "영국의 모든 사람이 참여할 수 있도록 설계된 이 프로젝트는 실제로 뜨거운 호응 아래 진행되고 있으며, 약 5만 건 정도의 기록을 받을 수 있다면 연구자들이 무척 기뻐할 것"이라고 말했다.

영국 과학자들의 이런 시도는 우리나라에서도 의미 있는 실험인 것 같다. 유은하 농촌진흥청 도시농업과 농업연구관은 영국 사례가 상당히 유용한 추적조사라며 이런 말을 했다.

"작년에 저희 연구기관에서 배꽃이 피는 현장에서 세미나를 기획했는데, 결국 개화 시기를 맞추지 못해 배꽃이 피지 않았을 때 행사를 했어요. 연구자들도 놀랐죠. 아무리 우리나라가 위아래로 길다고 해도 개화 시기를 예측하지 못한다는 사실 때문에 요. 그래서 저런 식의 시민참여를 통해 많은 양의 정보를 축적한다면 기후변화에 따른 수분 시기의 패턴을 예측할 수 있지 않을까 합니다."

기후변화 문제가 너무 거대해 보여서 무얼 어떻게 해야 할지 엄두를 내지 못하는 이들이 많다. 그러나 이런 식의 프로그램에 참여하는 것도 하나의 기후대응 아닐까? 전국 곳곳의 맨홀 뚜껑이나 가로등 사진만 찍어 보내더라도 다양한 현황을 한눈에 볼 수 있는 훌륭한 백서가 된다고 한다. 봄꽃 사진만 찍어 올려도 훌륭한 기후대응이 되는 IT시대, 앞으로 더 쉽게, 그러면서도 더 큰 효과를 낼 수 있는 시민과 과학자 간의 하모니를 기대해본다.

나무를 심는 사람,
'제이슨 므라즈'

아침 방송을 하던 시절 제이슨 므라즈의 음악은 단 한 번도 실패한 적이 없는 '불패의 선곡'이었다. 〈I'm Yours〉 〈Lucky〉 그리고 〈Unlonely〉까지. 친환경 팝이라고나 할까. 맑고 깨끗하면서도 흔들흔들 리듬 타게 하는 그의 음악은 어느새 제이슨 므라즈라는 이름 앞에 '그래미상 2회 수상' '20개국 멀티플래티넘' '한국인이 사랑하는 팝 뮤지션' 등 다양한 수식어를 붙여주었다. 그런데 여기에 하나의 수식어를 더 붙여야 할 것 같다.

'18년 차 과수 농민' 제이슨 므라즈.

커피전문점에서 통기타를 메고 음악을 시작한 제이슨 므라즈가 농부가 된 것은 2004년이다. 그는 첫 앨범의 수익금을 털어 시골 땅을 샀다. 레게 음악의 전설인 밥 말리처럼 자연 속에서 곡을 쓰고 싶었기 때문이다.

"15년 전 밥 말리의 자메이카 집을 방문했을 때 그는 커다란 나무 그늘 밑에 앉아 안개 자욱한 푸른 산을 바라보며 곡을 쓰고 있었다. 그 모습은 나의 꿈이 됐다."(제이슨 므라즈 페이스북)

그가 구입한 미국 샌디에이고의 농지는 5에이커(약 6000여 평) 규모로, 1977년풍의 낡은 집과 음악하기 좋은 차고, 수십 그루의 아보카도 나무가 딸려 있었다. 그는 이곳에서 음악을 만들며 나무를 심었다. 차고를 스튜디오로 꾸며 곡을 썼고, 앨범 수익금으로 다른 스타들이 차를 살 때 과일나무를 심었다.

2009년부터는 유기농 방식으로 다양한 아열대 과일을 재배했고, 2015년에는 요리사이자 허브 전문가인 크리스티나 카라노와 결혼해 함께 농사를 지으며 '므라즈 가족농장'을 운영하고 있다. 그는 2020년 개봉한 기후변화 관련 다큐 〈대지에 입맞춤을〉에 출연해 자신의 농장을 이렇게 소개했다.

"여긴 과일 숲이에요. 다양한 종류의 과일나무를 심어 농사짓는 거죠. 아보카도나무도 있고, 바나나나무도 있고, 무화과나무도 있고, 커피나무도 있어요. 처음에는 아보카도만 다량으로 재배하다가 지금은 40종의 과일나무를 함께 재배해요. 수종 다양화로 매월 수확하고 있죠."

늘 빡빡하게 공연을 해온 그는 스스로 '게으른 농부'라고 말한다. 그러나 주변 사람들은 그가 트랙터를 즐겨 운전하는 부지

런한 농부라 말한다. 실제로 그의 페이스북을 보면 공연장에서는 뮤지션이지만, 집에서는 영락없는 농민이었다.

"공연에서 돌아온 뒤 작년 가을 온라인 도시농업 수업을 통해 배운 내용을 활용해 퇴비의 품질 향상과 우리 집닭들의 삶의 질 개선 그리고 뒤뜰 텃밭 개량을 할 수 있었어요. 우리 과수원의 종 다양성을 높이려고 30그루의 나무를 새로 심는 동안 벌에게 쫓기는 즐거움도 맛보았고요."(제이슨 므라즈 페이스북)

그가 이렇게 땅을 일구고 나무를 심는 이면에는 지속가능한 먹거리에 대한 관심과 지구에 대한 책임감이 있다.

"당신의 먹거리와 물 공급을 조절하는 것은 돈과 에너지를 아끼고, 폐기물을 줄이고, 연료를 절약해 잃어버린 힘을 되찾는다는 걸 의미하죠. 이것이 바로 '생각은 글로벌하게 실천은 지역적으로'라는 아이디어의 밑바탕입니다."(제이슨 므라즈 페이스북)

그는 다큐 〈대지에 입맞춤을〉에서 기후변화에 대응하는 가장 쉬운 실천은 나무를 심어 토양을 비옥하게 만드는 것이라고 말한다.

"어머니 대지에 큰 영향을 끼칠 선행을 찾고 있다면 나무를 심으세요. 과일 숲을 만드는 데 큰 땅이 필요하지는 않아요. 수십 제곱미터만 있으면 됩니다."

실제로 그는 곳곳에 나무를 심어왔다. 나무를 심어 공기 중에 떠 있는 이산화탄소를 흡수하고 유기농업으로 비옥해진 토양에 탄소를 잡아두는 '탄소농사'를 짓겠다는 신념 때문이다. 우선 공연 여행에서 생기는 탄소발자국을 상쇄하려고 비행기를 탄 횟수만큼 나무를 심는다. 국내선을 타면 한 그루를 심고, 국제선을 타면 다섯 그루를 심는데, 여기에 동행하는 사람 숫자를 곱한다. 이렇게 연평균 2500그루의 나무를 심는다. 심지 못하는 건 국제산림기구에 기부하고 있다. 아예 재단을 만들어 공연 여행을 하는 곳에서 나무 심기 행사를 개최하기도 했다. 도시농업 팟캐스트에 출연한 그는 지금껏 한 번도 나무를 심어보지 못한 자원봉사자들이 '나중에 또 심겠다'라고 말할 때 정말 기뻤다고 한다.

"남아프리카의 한 제약회사는 주차장을 텃밭으로 전환해 수백 명의 공장 직원과 그들의 가족, 인근 주민들의 먹거리를 생산했는데, 우리는 초기 재배와 공급을 도왔습니다. 텍사스 오스틴에서는 노인들을 위한 공원을 청소하면서 나무 묘목을 제공했고, 북캘리포니아에서는 한 사원에 70그루의 과일나무를, 뉴욕 브루클린에서는 공터에 쌓인 콘크리트와 유리를 걷어내고 도심 텃밭으로 바꾸는 준비를 도왔어요. 이 밖에도 많은 사례가 있습니다."

2019년에는 인근 농지를 매입해 쇼핑몰과 주택단지로 바꾸려는 도시계획에 맞서 '농지 지키기 청원운동'을 벌이기도 했다.

"저는 이곳 출신은 아니지만 여기서 15년을 살면서 지역개발의 장단점을 충분히 관찰할 수 있었습니다. (중략) 식량 생산은 우리 지역의 특권이며 장기적인 관점에서 자산으로 간주되어야 합니다. 은퇴하는 농민들은 그들의 농지를 개발업자에게 비싼 값에 팔고 싶어 하지만, 젊은 농민들은 새로운 농사의 혁신이 일자리를 창출하고 토양 재생 및 기후변화 완화에 기여하며, 종 다양성을 확보하고, 놀라운 농촌관광의 가능성을 열어준다는 것을 알고 있지요."(제이슨 므라즈 가족농장 홈페이지)

여느 정치인의 말이 이보다 더 설득력 있고 간절하게 와닿을 수 있을까. 18년 차 농민 제이슨 므라즈는 그렇게 숲을 가꿔왔다.

한 사람 한 사람이 빠짐없이
나무를 심고 가꿀 때

국제연합UN 기후변화협약 사무총장으로 2015년 파리기후변화협약을 이끌어낸 크리스티아 피게레스는 최근 책에서 나무 심기의 중요성을 이렇게 표현했다.

"기후변화 대응책으로 나무 심기만큼 중요하고 시급하면서도 간단한 방법은 없다. 나무는 아득한 옛적부터 존재해온 탄소 흡수장치로, 어려운 첨단 기술도 아니고, 절대적으로 안전하며, 매우 저렴하다."

그녀는 최근 나무 심기가 탄소 배출의 속죄행위 정도로 인식되는 경향이 있다면서 한 사람 한 사람이 빠짐없이 나무를 심고 가꿀 때 30년 뒤 우리 미래는 이렇게 바뀔 수 있다고 말한다.

"때는 2050년, 세계 대부분 지역의 공기가 촉촉하고 상쾌하다. 도시도 예외가 아니다. 숲속을 걷는 것과 비슷한 느낌인데, 실제 숲속을 걷고 있기 때문이라고 해도 과언이 아니다. 공기가 산업화 이후 그 어느 때보다 깨끗해졌기 때문이다. 나무 덕분이다. 사방에 나무가 있다."《한배를 탄 지구인을 위한 가이드》중에서)

많은 이가 나무는 봄에만 심는 것으로 알고 있지만, 사실 나무 심기의 적기는 늦가을이라고 한다. 봄기운이 언 땅을 녹일 때 나무를 심고, 낙엽이 지고 땅이 얼기 시작할 즈음 또 한 번 나무를 심는 것이다. 봄에 한 그루, 가을에 또 한 그루…. 아이들과 함께 나무를 심어보는 꿈을 꾸어본다. 제이슨 므라즈처럼.

10분간의 어둠 체험

2022년 4월, 기후 관련 기사를 스크랩하는데 며칠 전부터 계속 '소등행사'가 검색되었다. 여기서도 불을 *끄겠다*고 하고, 저기서도 불을 끈다고 알려왔다. 대체 무슨 날인가 싶어 자세히 찾아봤더니 '지구의 날'이라고 한다. 지구의 날? 검색해보니 상당히 많은 양의 기사가 떠 있었다. 관공서부터 시민단체와 기업들에 이르기까지 신박한 실천도 눈에 띄었다.

크게 두 가지를 알 수 있었다. 지구의 날은 각자 주어진 위치에서 다양한 방식으로 무언가를 '실천'하는 날이며, 그 실천들이 하나하나 모였을 때 세상이 바뀐다는 걸 알게 된 '축제'의 장이라는 것을. 주요 실천 사례를 소개하면 다음과 같다.

- 저녁 8시부터 10분간 불 끄기(환경부, 기후단체, 지자체, 새마을 운동중앙회 등).

- 일주일간 매일 오후 2시간씩(낮 12시~오후 2시) 전국 사옥 소등 행사(코레일유통, 전 직원이 낮에 '자연채광'만으로 근무).

- 희망의 30글자 '광화문 글판'을 친환경 가방으로 업사이클링(교 보생명 광화문 사옥 외부에 내걸린 대형 현수막을 가방으로 재 가공 판매).

- 탄소중립 '3안타' 캠페인(김해시, 가까운 거리 승용차 안 타기, 5 층 이하 엘리베이터 안 타기, 일회성 유행 안 타기로 자원 재활 용 등 탄소중립 생활실천 인증사진 댓글로 남기기).

- 탄중(탄소중립) 장터(김해시, 소형가전이나 장난감 등 재활용품 판매행사 후 기후위기 취약계층 돕기).

- 슬기로운 기후행동 일주일(한국동서발전, 기후변화 북 콘서트·기후 다큐 관람·저탄소 식단 구내식당 등).

- 꿀벌을 위한 도시 숲 캠페인(화장품 기업 마녀공장 홈페이지에 꿀벌 응원 댓글 남기면 댓글 1개당 1000원씩 기부해 밀원식물 조성사업에 활용).

- 제로 플라스틱 여행 어메니티 펀딩 지원(롯데월드가 크라우드 펀딩 플랫폼 와디즈를 통해 친환경 여행 어메니티 펀딩을 진행 하고 상품 1개당 인도네시아 열대우림 조성을 위한 나무 한 그 루 기부).

- 오전 10시 자전거 행진(광명 YMCA 주관으로 시민들이 자전거를 타고 철산·하안·소하동까지 이동하는 행진).
- 당신의 그린 IQ 테스트(미국 CBS 뉴스가 패션산업 온실가스 배출량 등 10가지 이슈 참/거짓 팩트체크).

'지구의 날' 실천은 당신의 식탁으로부터

미국 플로리다 주 오렌지카운티 정부가 지구의 날을 맞아 벌이는 캠페인은 좀더 많은 시민이 쉽게 참여할 수 있는 실천 프로그램을 담고 있다. 바로 음식물 쓰레기 절감 캠페인이다.

"우리가 먹는 음식의 40%가 버려진다는 사실을 알고 계셨나요? 평균적인 미국 가정 한 가구가 연간 약 2000달러의 돈을 버리고 있습니다. 더구나 버려진 음식물이 분해되면서 메탄이 방출됩니다. 메탄은 이산화탄소보다 더 큰 온난화 잠재력을 가진 온실가스로 대기 중으로 방출될 때 더 위험합니다."

오렌지카운티 정부는 각 가정의 음식물 쓰레기 배출을 줄이기 위해 네 가지 생활 팁을 제시했다. 매우 구체적이고 실용적이었다.

"음식을 최대한 남기지 말고 드세요. 상하기 쉬운 음식물일수록 냉장고 앞부분에 두세요(잊어버려 방치되지 않게). 우유는 냉장고 문 쪽에 두지 마세요(냉장고에서 가장 더운 부분입니다). 과일과 채소 찌꺼기를 퇴비로 만드세요. 비용을 아끼는 우수한 천연 비료입니다."

'지구의 날'은 승리의 역사

1970년 4월 22일부터 시작된 지구의 날은 미국 위스콘신 주의 게이로드 넬슨 상원의원의 제안으로 시작되었다. 환경문제의 심각성을 관찰해온 넬슨 의원은 1969년 1월 캘리포니아 산타바바라에서 발생한 대규모 기름 유출 사고의 참상을 목격한 뒤 전 국민적 환경 캠페인을 생각해냈다.

여기에 대학생 환경운동가들이 참여하면서 구체화되었다. 하버드대학의 환경운동가인 데니스 헤이즈는 넬슨 의원과 함께 반전운동의 열기가 뜨겁던 대학 캠퍼스 내에서 환경교육 강좌를 신설했고, 대중적 실천의 일환으로 지구의 날을 봄방학과 기말고사 중간의 평일인 4월 22일로 정하며 최대한 많은 학생을 참여시켰다.

이 행사는 주요 언론을 비롯해 전국적 관심을 받으며 2000만 명이 거리에서, 공원에서, 강당에서 참여하는 대규모 행사로 발전했다. 성공의 이면에는 1962년 레이첼 카슨의《침묵의 봄》이 출간되면서 미국 내 환경문제에 대한 여론을 이끌어낸 점도 있었다.

이후 기름 유출이나 공장 폐수, 살충제, 야생동물 멸종 등 다양한 환경 이슈에 개별적으로 대처해온 많은 단체가 '지구의 날'이라는 공통 의제를 통해 한데 뭉치는 계기가 되었다. 정치적으로도 공화당원과 민주당원, 부유층과 빈곤층, 도시민과 농민, 경영자와 노동자 모두에게 지지를 받는 보기 드문 '사회적 동맹'이라는 의미가 있었다.

결과는 엄청났다. 1970년대 말 미국 환경보호국EPA이 만들어졌고, 의회에서는 전국적인 환경교육법과 산업안전보건법이 통과되었다. 논란만 거듭하던 살충제법을 비롯해 멸종 위기종 관련법 역시 제정되었다. 시민들의 실천이 이끈 '승리의 역사'가 '지구의 날'을 시작으로 이뤄지기 시작한 것이다. 그래서 미국의 공영라디오인 NPR의 한 진행자는 지구의 날을 앞두고 청취자들에게 이렇게 말한다.

"Happy Earth Day!"

1990년대에 들어 지구의 날이 세계화되면서 오늘날 매년 10억 명이 넘는 사람이 기후변화를 막기 위한 작은 실천에 참여하고 있다. 우리도 의미 있는 지구의 날 행사에 동참해보면 어떨까? 10분간의 어둠 체험은 뜻밖에 많은 것을 느끼게 해준다. 빛의 소중함, 전기의 소중함 그리고 달빛과의 교감까지도.

국사봉 중학교의 수학시간

"국어는 우리말이니 알아듣기는 하지만 긴 문장 나오면 멘탈 무너지고, 수학 시간부터는 무슨 말인지 알아들을 수 없어 곳곳에서 숙면 중이에요."

요즘 학생들 이야기다. 그런데 학교 수업이 이런 식으로 전개된다면 어떨까?

1교시 국어 - 플라스틱에 관한 시 써보기.

2교시 수학 - 국어 시간에 쓴 시를 가지고 순환소수의 순환마디를 이용해 음악 만들기.

3교시 음악 - 작곡한 노래를 감상하고 불러보기.

멀리 북유럽 학교의 이야기가 아니다. 서울시 동작구에 있는 국사봉중학교 이야기다. 이 학교의 이야기를 들은 것은 2022년 3월 교육부가 주최하고 충청북도교육청이 주관한 '학교 탄소중립 실현을 위한 국제 컨퍼런스' 행사에서다. 국제행사인 만큼 북유럽이나 독일의 앞서가는 사례를 들을 수 있지 않을까 하는 기대감을 가지고 온라인 영상을 주시했는데, 가장 눈에 띄는 사례는 북유럽도, 독일도 아닌 국사봉중학교 사례였다.

'국수영사과'부터 '기술과 가정, 음미체'까지 모든 교과목이 유기적으로 탄소중립을 향해 돌아가면서도 매우 구체적이고 실용적이었다. 더 놀라운 것은 이 학교가 사립이 아닌 공립학교라는 점이었다.

"저희가 공립이다 보니 선생님들이 매년 바뀌어요. 그런 가운데 어떻게 환경교육을 지속할 수 있을까 고민하다가 교직원 회의에서 투표를 통해 확정했어요. 모든 학년, 모든 교과가 참여하는 생태전환교육을 하기로요."

이날 발표를 한 국사봉중학교 최소옥 교사의 말이다. 최 교사의 소속 부서도 독특했다. 생태전환교육부. 2011년 혁신학교를 준비하던 교사들의 자발적 노력으로 시작된 이 학교의 환경교육은 학교 주변 '성대골 에너지 전환마을'을 만나며 학교협동조합 설립과 교내 햇빛발전소 건립으로 이어졌고, 마침내 2018년 12월 '생태전환교육'으로 체계화되었다.

"선생님들끼리 모여 융합교육과정을 협의하고 직무 연수도 했고, 2021년에는 생태전환교육부서도 만들었어요. 사실 작은 학교에서 별도 부서를 만드는 일이 쉬운 일은 아니죠."

국사봉중학교의 수학 시간은 이렇게 시작한다. 우선 각자 준비해온 공공요금 고지서를 꺼낸다. 그 안에 표시된 한 달 전기요금부터 수도요금, 가스비, 교통비 등을 확인해 하나하나 탄소 발자국 계산기에 입력한다. 우리 집이 한 달 동안 이산화탄소를 어느 정도 배출했는지 알아보는 것이다. 또 나무를 몇 그루 심어야 할지도 계산한다. 여기에 한 차원 더 높은 수학이 들어간다.

'과연 어떻게 하면 우리 집 탄소 배출량을 줄일 수 있을지 연립방정식으로 풀어보자.'

2학년 1학기 수학 수업 내용이다. 수업을 받은 아이들은 "전에는 화장실 불이 켜져 있어도 신경 쓰지 않았지만 지금은 꼭 끈다"라고 말하기도 했다.

과학 시간, 재활용품을 이용해 재생에너지 발전기를 만드는 실습이 시작된다. 동아리에서는 태양광 전지판과 자동차를 만들어보고 태양광 자동차로 축구 경기도 한다. 전기 에너지에 대한 개념을 배운 뒤 전동기의 시초인 호모폴라 전동기를 만들고, 누군가에게 줄 발광다이오드LED 카드를 제작해 마음을 표현하기도 한다. 중학교 2학년 '전기와 자기' 내용과 관련이 있다.

도덕 시간, 지구를 살리고 쓰레기를 줄이기 위한 소비자 행동을 배운다. 구체적 실천 과제로 각자 한 가지 상품을 선정하고 이를 제조한 회사에 소비자로서 편지를 쓴다. 한 학생은 자신이 즐겨 마시는 '옥수수 수염차'를 선정했다. 그러고는 제조회사의 주소와 우편번호를 검색해 편지를 썼다.

"안녕하십니까? 저는 옥수수 수염차를 즐겨 마시는 학생입니다. 평소 갖게 된 생각이 있습니다. 비닐 포장지 크기와 불필요해 보이는 문양입니다."

역사 시간, 선생님이 '종이의 역사'를 가르친다. 베이는 나무와 탄소 배출에 대한 이야기다. 학생들은 직접 한지를 만들고 자신이 만든 한지에 종이 절약 실천에 대한 다짐을 적는다.

학생회 자치회의. 안건은 채식급식 식단 짜기였다. 고기 반찬이 없으면 밥을 못 먹는 친구들이 어떻게 채식급식을 거부감 없이 받아들이게 할지 학생들끼리 머리를 모아 레시피를 짠다.

교사들은 이와 관련된 내용을 다양한 교과 안에서 풀어나갔다. 사회 선생님은 '온실가스와 채식', 전 세계에 일고 있는 '고기 없는 월요일' 캠페인을 소개하며 카드 뉴스 만들기를 제안했고, 가정 선생님은 '로컬푸드'와 관련한 이야기를 들려주었으며, 국어 선생님은 '생태에너지와 관련된 책을 읽고 설명문 쓰기'를 과제로 제시했다. 이를 바탕으로 학생들은 학기 말 생태축제에서 채식의 필요성을 알리기 위해 '콩고기 햄버거 만들기'를 준비하기도 했고, 학생회는 '채소력 테스트' 체험 부스를 운영하기도 했다. 육해공 연합작전으로 기후문제에 대응하고 있는 것이다. 최소옥 교사는 이렇게 덧붙였다.

"기후 문제는 어느 한 교과로 풀 수 없는, 모든 영역을 아우르는 문제잖아요. 실천과 함께 여러 교과가 복합적으로 이 문제에 접근할 수 있는 노력이 필요한 것 같습니다."

기후 교육에서 유명한 말이 있다. "생각은 글로벌하게, 실천은 지역에서." 국사봉중학교도 마을에서의 실천을 강조한다. '우리 마을을 이렇게 바꿔나가자'라는 식의 지역 연계형 실천 과제를 제시하는 것이다. 중학교 3학년 학생들의 사회 과목 수행평가 과제는 '우리 마을을 생태 마을로 바꾸기 위한 아이디어 제출하기'였다. 그런데 3학년 학생이 써낸 계획은 매우 구체적이었다. 어느 지점에 차 없는 거리를 만들고, 어느 지점에 청소년 문화시설을 어떤 형태로 건립할지에 관한 내용이었는데 기발하면서도 섬세했다.

지금까지 언급한 내용은 극히 일부에 불과하다. 궁금했다. 다른 학교들이 국사봉중학교처럼 하려면 어떤 과제들이 필요한지. 한 교사는 이런 말을 남겼다.

"지금 교과서에는 기후위기에 관한 언급이 별로 없어요. 그러니 교사가 관심이 있더라도 교과서 외적인 이야기를 해야만 합니다. 부담이 될 수밖에 없죠. 교과의 핵심 내용(성취기준)을 풀어가는 중간 매개로 기후문제를 활용하거나 채식 관련 이슈를 연계해 다룰 수 있도록 교과서가 조금 바뀌면 어떨까 싶은 생각이 들더라고요."

3장

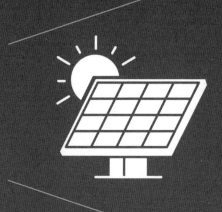

에너지 전환

독일은 '탈원전',
한국은 '탈탈원전'?

'탈원전'이란 지금 가동되는 원자력발전소(원전)를 멈춰 세운다는 뜻이 아니다. 새로 짓지 않고, 있는 원전의 수명 연장을 자제하는 등 원전 의존도를 천천히 줄여가면서 재생에너지로 축을 옮겨간다는 경제협력개발기구OECD 주요국들의 에너지정책이다.

제20대 대통령선거 다음 날인 2022년 3월 10일 〈조선일보〉는 이런 제목의 기사를 뽑았다.

"탈원전 중단, 신재생 속도 조절… 에너지 정책 바뀐다."

제목만 봐도 무슨 뜻인지 알 수 있다. 윤석열 후보가 당선되면서 문재인 정부의 탈원전 정책은 동력을 상실할 것이며, 새 정부는 지금 정부가 공격적으로 추진해온 태양광, 풍력 등 신재생에너지 전환 사업과 관련해 속도 조절에 나설 것으로 보인다는 내용이었다. 실제로 후보 시절 윤 대통령의 공약은 이랬다.

'탈원전 백지화와 원전 최강국 건설.'

그런데 비슷한 시간 독일 정부는 다음과 같은 결정을 내리고 있었다.

"러시아의 가스 공급 중단 위협에도 불구하고 원전 수명을 연장하지 않는다."

전쟁 때문에 가스 공급이 중단되고 이 때문에 가스 가격이 폭등하고 있는데도 원자력에 의존하지 않는 탈원전 정책을 고수하겠다는 이야기다. 전 세계 5500만 명의 독자를 확보하고 있는 에너지 전문 언론 〈파워 테크놀로지〉의 보도였다. 독일 정부는 어떻게 이런 결정을 내렸을까?

2022년 2월 말 독일 정부 내에서는 독일 천연가스 수입량의 3분의 2를 차지하고 있는 러시아 가스의 공급 중단 사태에 대비해 독일 내 원전 수명을 연장해야 한다는 제안이 나온 바 있다. 독일 경제부총리와 환경장관은 모든 옵션을 검토한 결과 원전의 가동 비용이 '제한된' 혜택보다 크다는 결론을 내렸다며 이런 발표를 했다.

"편익과 위험 요소를 모두 따져본 결과, 지금의 가스 공급 위기를 감안해도 남아 있는 세 개 원전의 수명 연장을 권고하지 않는다."

궁금했다. 그렇다면 독일은 지금의 가스 위기 속에서 무엇으로 전기를 만들겠다는 걸까? 로버트 하벡 독일 경제부총리는 "국가 에너지 자원을 다변화시키겠다"라고 말했다. 독일 북부 지역에 액화천연가스LNG 터미널을 세우는 등 가스의 특정 국가 의존도를 낮추고 비상수단으로 석탄화력발전소를 유지하는 한편 재생에너지 확대에 더 공격적으로 투자하겠다는 것이다.

2035년까지 재생에너지로
100% 전력을 충당하겠다는 독일

독일은 오히려 에너지 위기에 맞서 재생에너지 목표를 더 앞당겼다. 2022년 2월 28일 〈로이터〉 보도에 따르면, 독일 정부는 2040년 이전 화석연료 의존을 없애겠다는 기존 목표를 앞당겨 2035년까지 재생에너지로 모든 전력을 충당하겠다는 목표가 담긴 에너지 개혁안 초안을 작성하고 있다. 초안에는 오는 2030년까지 재생에너지 비중이 전력수급의 80%에 도달해야 한다고 명시되어 있다. 구체적으로 육상 풍력에너지 용량은 최대 110기가와트(현재 수준의 2배), 해상 풍력에너지는 30기가와트(원자력발전소 10개 용량)에 도달해야 하며, 태양에너지는 지금보다 3배 늘어난 200기가와트가 될 것이라는 내용이 담겼다.

"우리는 전력망 구축과 LNG 터미널, 재생에너지의 확대가

'테슬라 속도'로 이뤄져야 한다는 것에 완전한 '의견 일치'를 보고 있다."

하벡 부총리가 〈로이터〉와의 인터뷰에서 한 말이다. 2030년이면 앞으로 8년 뒤의 일이다. 그때 독일은, 우리는 그리고 세계는 어떤 모습일까?

분명한 것은 지금과 비교할 수 없는 규모로 재생에너지는 확대될 것이고 이에 따른 '탄소국경세'나 'RE100'(전력 100%를 재생에너지로 충당하겠다는 자발적 협약) 등 직간접적 기후 관세도 강화될 것이라는 점이다. 수출로 먹고사는 우리나라로서는 에너지 전환 없이 지속가능한 성장을 장담할 수 없는 상황이다.

"핵발전을 두고 벌어질 가짜뉴스와의 싸움도 첨예해질 게 분명하다."

대선 직후 환경단체인 '녹색연합'의 논평 내용이다. 에너지 전환을 위해 국론을 모아도 모자랄 이 중요한 시국에 한쪽에서는 원전을 둘러싸고 갈등 중이고, 다른 한쪽에서는 재생에너지 사업의 동력 상실이 현실화되고 있다. 미래 경쟁력을 잃어가고 있는 대한민국의 앞날은 괜찮은 걸까?

파국을 막기 위해서는 0.7% 차이로 승부가 갈린 양대 진영의 진심 어린 통합의 정치가 필요하다. 한쪽에서는 '원전 찬양가'를 거두고 RE100이나 택소노미가 무엇인지 진지하게 고민해야 하고, 다른 한쪽에서는 그동안 재생에너지 확대정책에서 무엇이 부족했는지 성찰하며 보완점을 찾아야 할 것이다. 그리고 쉴 새 없이 대화하며 미래를 함께 열어야 한다. 기후위기에 대한 대응과 에너지 전환 문제에서는 보수나 진보가 따로 있을 수 없기 때문이다.

농촌의 풍력·태양광 전쟁

바람과 햇빛으로 전기를 만들어 파는 바람농사(풍력발전)와 햇빛농사(태양광발전)는 농어촌 주민들에게 또다른 소득원이 된다는 게 유럽의 실제 사례다. 우리 농어촌에서도 현실화된다면 기름 한 방울 나오지 않는 현실에서 국가적으로도 에너지 자급률을 올리고 기업의 경쟁력을 높일 좋은 기회다.

그런데 왜 정작 우리 농민들과 어민들은 풍력과 태양광 발전을 그다지 달가워하지 않는 걸까? 이유가 있었다. 농어촌 주민은 배제된 채 사업자 중심으로 정책이 추진되다 보니 수익은 사업주와 땅 주인이 가져가고 주민은 오히려 농지를 빼앗긴 채 쫓겨나는 젠트리피케이션 현상이 곳곳에서 발생했기 때문이다. 사업자 중심으로 진행되는 농촌 태양광발전의 현실은 참혹하기

그지없었다.

2021년 3월 16일, 농업 분야 탄소중립 국회토론회에 나온 정학철 집행위원장(농어촌파괴형 풍력태양광 반대 전남연대회의)은 토론회가 진행되고 있는 시각에도 전남 지역에서는 93세 어르신까지 참여한 풍력태양광발전 반대 집회가 열리고 있다며 갈등 상황을 보여주었다.

"2021년 2월 말 기준으로 전남 지역 13개 시군 38개 지역에서 싸움을 했습니다. 그 이후에도 계속 확인되고 있어요. 도대체 농촌에 사는 죄가 얼마나 크다고 이러는지 모르겠습니다. 이 문제를 제대로 해결하지 않으면 늙어 죽을 때까지 이걸 가지고 싸울 수도 있겠다 싶어요. 이거 사실 좀 제대로 전달해주셨으면 좋겠습니다."

그는 신재생에너지의 비율이 현재 6.5% 정도인데, 2030년까지 20.8%까지 늘린다는 계획을 언급하면서 "지금도 전쟁터인데 20%까지 가는 과정에서 얼마나 험한 일이 있겠느냐"며 반문했다. 실제로 태양광발전을 위해 전용되는 농지 면적은 기하급수적으로 확대되어왔다. 부재 지주에게 농지를 빌려 농사를 짓던 농민이 땅 주인과 태양광 사업자와의 계약에 따라 농지를 잃고 쫓겨나는 현상까지 곳곳에서 빚어졌다.

특히 부재 지주 비율이 높은 서해안과 남해안 간척지에서는 '염해피해 지역에 한해서만 농지 전용을 허용한다'라는 규제를 피하려고 일부러 염분 농도가 높은 심층 토양에서 샘플을 측정해 태양광을 설치했다는 이른바 '멀쩡한 땅 염해피해지 만들기 논란'이 일어나기도 했다.

정학철 위원장은 태양광과 풍력이 민간 사업자들의 돈벌이 수단으로 활용되고, 정부가 이를 뒷받침하면서 주민 의견 반영은 사실상 사문화되고 있다고 지적했다. 그는 갈등 지역의 공사를 중단하고 사회적 협의기구를 운영해 '에너지 자립계획'을 지역 단위로 만들어가야 한다고 강조했다.

그렇다면 대안은 무엇일까? 주먹구구식 난개발을 막고 농촌이 가진 다양한 에너지 자원과 공간을 활용하도록 법 제정이 필요하다는 제안이 나왔다. 이날 이호중 소장(더불어민주당 전국 농어민위원회 정책센터)은 마을 공동체 주도로 재생에너지 이익을 공유하는 국내외 사례를 소개했다.

"농민과 주민이 주도하고 공공이 지원하는 방식의 에너지 전환으로 나아가야 합니다. 교육과 인식 전환이 당연히 필요하고, 에너지 전환의 주체가 농민과 지역 주민이라는 사실을 명확히 한 가운데 무엇보다 사업 방식을 바꿔야 합니다. 신안군 자라도에서 이익 공유 조례제정으로 운영되는 태양광의 사례를 보면, 1인당 10만 원에서 40만 원까지 이익을 공유하고 있습니다. 덴마크의 경우 풍력사업을 할 때 지역민이 50% 이상 소유해야 하고 그 이익의 절반 이상을 지역에 환원해야 합니다. 이런 제도

적 뒷받침 속에서 지역에너지전환센터가 중간 지원조직으로서 재생에너지 보급과 관리를 해나가는 종합적인 '계획'을 추진해 나가야 합니다."

이 소장은 태양광의 경우 사업 주체 면에서 마을공동체가 주도하는 '공동소유 – 이익환원방식'으로, 농지의 경우 비진흥구역에 소규모로, 전용 없는 영농형 방식으로 제한하는 것을 확실하게 한다면 향후 비농업진흥지역에 농사와 태양광발전을 병행할 수 있는 '영농형 태양광' 수익이 농가 기본소득으로 제공될 여지가 있다고 말했다.

"농지를 전용하고 임차농을 내쫓는 방식의 태양광 사업은 축소되어야 합니다. 농사와 태양광발전을 병행할 수 있는 영농형으로 한다면 친환경 농업인에 대한 우대조치가 뒤따라야 할 것이고, 또 100킬로와트 이하로 생산하면 한국형 발전차액지원제도FIT가 적용돼 700평 정도에 연간 800만 원의 추가소득이 나오는 것으로 이야기되는데, 이런 것이 농가에 기본소득으로 제공되었으면 좋겠습니다. 그리고 투기자본의 유입을 막고 임차농을 보호하려면 당연히 농지제도 개선이 뒷받침되어야 합니다."

이를 위해 이 소장은 농촌의 에너지 전환을 주먹구구식으로 하는 게 아니라 기본계획을 세워 체계적으로 추진하도록 하는 '농촌에너지전환법'을 비롯한 다섯 가지 입법과제를 제안했다. 탄소 농업을 지원하는 공익형 직불법 개정부터 경축 순환 농업을 지원하기 위한 가축분뇨와 비료관리법 개정, 자연재해 보험과 대책법 개정 그리고 실경작자 중심의 농지법 개정까지, 에너지 전환을 위해 국회가 해야 할 일은 너무 많고 시급해 보였다.

한 폭의 그림에 담긴
반딧불이 마을의 꿈

농촌이 농촌다움을 유지하면서도 햇빛농사와 바람농사로 모두가 행복할 수는 없을까?

골똘히 생각에 잠길 무렵, 사이다처럼 시원한 사례 발표가 이어졌다. 원천마을. 충남 홍성군에 있는 에너지 자립마을 사례는 우리 미래에 관해 여러 귀띔을 해주었다.

"2013년 귀농했을 때 마을에 분뇨 냄새도 나고 물도 맑지 못했는데 여름에 보니까 황금개구리와 반딧불이가 살아 있더라고요. 하늘도, 물도 더 맑아졌으면 좋겠는데, 그렇다고 들어와 있는 돼지농장더러 나가라고 할 수는 없는 상황이었죠. '어떻게 하면 다시 좋은 마을로 복원할 수 있을까' 생각하다가 바이오가스 플랜트 이야기가 나왔습니다."

2021년 3월 국회 토론회 현장, 농민과 주민이 주도하는 '농촌형 에너지 자립마을' 사례 발표자로 나온 이도헌 마을발전 추진위원장은 한 폭의 그림을 보여주며 원천에너지자립마을(충남 홍성군 결성면 금곡리) 이야기를 꺼냈다.

하늘과 바람과 별과 반딧불이의 서

홍성여고 미술반 학생들이 그려주었다는 그림 속에는 풍력 발전 설비와 밤하늘의 별, 반딧불이가 축산 분뇨로 에너지를 만드는 바이오가스 플랜트와 공존하고 있었다. 33가구 72명의 주민이 축산과 쌀, 고추, 배추 농사를 짓는 원천마을에서는 2013년부터 로드맵을 짜기 시작해 2014년에 자연 자원을 재생에너지로 전환하는 '원천마을발전 종합계획'을 수립해 실행에 옮겼다. 마을 자치로 '친생태 에너지전환 주민선언서'를 채택하기도 했다. 그로부터 7년이 지났고 마을은 이렇게 바뀌었다.

"2021년 현재 농가 주택에는 100퍼센트 태양광발전설비가 보급되어 있어요. 33가구가 사는 마을인데 주민 회의를 거쳐 묘지 없는 경사 지역 등 약 여섯 군데에 4.1메가와트 규모의 상업용 태양광발전설비를 설치했죠. 또 마을에서 어려운 집 한 가구를 골라 시범사업으로 '패시브하우스'(에너지 효율화)를 시공했고요."

돼지를 많이 키우는 마을 특성을 십분 활용한 성과도 눈에 띄었다. 이도헌 위원장은 월스트리트에서 파생상품을 다루던 금융전문가로 일하다가 돼지농장주로 변신한 귀농인이다. '돼지도 여름에 시원하고 겨울에 따뜻하게 지내며 냄새 덜 나는' 스마트 축사로 농장을 운영하고 있는 그는 마을 사람들과 머리를 맞대고 각자의 고민을 마을 전체의 자산으로 만들었다.

축산 농가의 고민은 축산분뇨 처리였고, 일반 농가의 고민은 낮은 소득이었으며, 마을 전체의 고민은 지역난방이었다. 그런데 축산분뇨에서 나오는 바이오가스로 전기와 열을 만들어 마을 난방에 사용하고, 겨울철 유리온실까지 돌릴 수 있다면? 실제로 2020년 12월 완공된 원천마을의 '바이오가스 플랜트'는 축산분뇨로 전기와 열을 생산해 마을에서 사용하고 있다. 그뿐 아니라 또다른 마을기업의 수익모델을 찾고 있는데, 처리하고 남은 축산분뇨 액비를 밭에 뿌려 화학비료 덜 쓰는 친환경 농산물을 재배하고 있다. 또 목초지 조성과 돼지 방목으로 마을의 브랜드 가치를 높이고 어르신들 일자리까지 만든다는 '순환 모델'에 관한 구상을 하나씩 구체화하고 있다.

"자꾸 전기만 이야기하는데, 농촌에서 진짜 중요한 건 '열'입니다. 어르신들이 연세가 드시니까 10월부터 춥다고 그러거든요. 도시에는 도시가스가 있으니 별 걱정 안 해도 되지만, 농촌은 높은 에너지 비용으로 고통받고 있어요. 에너지공동체로 가기 위해서는 전기만이 아니라 열까지 다뤄야 제대로 된 에너지 프레임 워크가 농촌에서 구현됩니다. 바이오가스 플랜트에서 동절기에 나오는 열을 가지고 마을기업 유리온실을 운영하려고 했는데, 곰곰이 생각해보니 봄, 여름, 가을에는 열이 남는 거예요. 아깝죠. 그래서 여러 가지를 고민하고 있습니다. 하나는 고추건조기를 여름철 폐열로 돌릴 수 있을까 하는 것인데요. 그렇게 되면 농림부 인증과 별개로 '저탄소 고춧가루'로 마케팅해 팔 수 있지 않을까 합니다. 또 하나는 마을 숲에서 벌목하는 나무들을 폐열로 말리면 아주 좋은 연료원이 됩니다. 작은 폐열로 큰 열을 만들어 마을 난방에 이용하는 방안도 고민하고 있어요. 이런 상상들이 농촌에서 생각하는 '마이크로그리드'라고 믿습니다."

원천마을의 성공사례는 일반화될 수 있을까? 이 위원장은 붕어빵 찍어내듯 획일화된 보급을 경계했다. 마을마다 존재하는 고유의 특성과 공간을 활용한 방안을 세우는 게 에너지자립의 핵심임을 강조했다.

"시설 중심이 아닌 공간과 사람 중심의 계획이 필요합니다. 다른 지역에서 저희 시설을 보러 오겠다고 하는데, 그 지역에는 가축 분뇨가 없는 거예요. 그래서 '제가 가겠다'라고 한 적도 있습니다. 저희는 홍성군이라는 지역의 바이오매스와 농업 특성에 맞춰서 '우리 마을이라면 경제적으로 가능하겠다'라는 생각이 들어 만든 것이잖아요. 저희 모델이 어디에나 적용된다는 오해

가 생기면 안 될 것 같아서 정말 이 일에 관심이 있다면 제가 가
겠다고 한 거지요."

텍사스 정전 사태의 진실

한겨울에도 반팔 차림으로 골프를 칠 수 있다는 미국 남부 텍사스 주에 '겨울 폭풍'이 몰아쳤다. 무려 영하 18도. 곳곳이 얼어붙으며 고속도로에서는 133중 추돌사고가 나기도 했고, 공항 세 곳이 폐쇄되어 항공기 3000대의 발이 묶였다. 시카고보다 눈이 더 많이 내렸다. 사람들은 제설 장비와 식량, 휘발유를 사려고 줄을 섰고, 너도나도 전열기를 꺼내 전기 플러그를 꽂았다. 그러자 블랙아웃. 전기가 나갔다. 휴스턴과 댈러스 같은 대도시를 포함해 300~400만 가구의 전기 공급이 끊긴 것이다. 밤새 추위에 떨던 사람들은 낮이 되자 땔감으로 쓸 통나무를 줍기 시작했다. 자동차 히터로 집안을 덥히려 했던 일가족이 일산화탄소에 중독돼 두 명이 숨지기도 했다. 병원의 냉동장치가 멈춰 극저

온상태로 보관되던 코로나 백신 수천 개를 사용할 수 없는 지경에 이르기도 했다.

영화의 한 장면이 아니다. 2021년 2월의 미국 중남부 기상이변 실화다. 북극 한파가 텍사스, 오클라호마, 뉴멕시코, 아칸소 등 중남부까지 밀려 내려오다 온화한 공기와 만나며 겨울 폭풍을 일으켰다. 30년 만의 한파였다고 한다. 곧 폭풍은 물러가고 기온은 영상으로 회복했지만, 정전의 후유증은 심각했다. 그리고 때아닌 '신재생에너지' 논란이 벌어졌다.

텍사스 미스터리

다른 곳도 아닌 '텍사스'였기에 정전의 원인을 두고 논란이 커졌다. 텍사스는 가스면 가스, 풍력이면 풍력, 원자력까지 풍부한 미국의 '에너지 심장'이었기 때문이다. 석유, 석탄, 천연가스 매장량이 미국 최대 규모다. 사막의 거센 바람이 일정하게 불어 풍력발전량도 최고다. 더구나 세계 최고 수준의 원자력 연구시설이 들어서 있고, 사막에는 방사성 폐기물 처리시설이 놓였다. 그런 텍사스 발전용량의 40%가 무너졌다. 겨울 폭풍은 텍사스에만 불어닥친 게 아닌데 미국 내 정전 가구의 78.1%(2021년 2월 16일 기준)가 텍사스에 몰렸다. 왜일까.

뜬소문이 돌았다. 공화당 정치인들과 〈폭스뉴스〉 등 보수 언론은 풍력 터빈이 얼어붙는 등 재생에너지가 제 역할을 하지 못해 정전 사태가 일어났다고 주장했다. 공화당 출신 텍사스 주지사의 언론 인터뷰가 시발점이었다. 그레그 애벗 주지사는 2월 17일 〈폭스뉴스〉와의 인터뷰에서 "우리 풍력과 태양광 발전이 작동되지 않는다"면서 "이런 일들이 화석연료가 필요하다는 것을 말해준다"라고 말했다. 그러자 보수 논객들은 '신재생에너지만 믿다가 모든 미국인이 얼어 죽을 수 있다'라면서 신재생에너지 중심으로 기후변화 대응에 나선 바이든 정부를 향해 경고를 날렸다.

덩달아 한국의 보수 언론과 경제지들은 문재인 정부의 탈원전 정책을 비판하고 나섰다. 〈매일경제〉는 "텍사스 반도체 공장 셧다운으로 불신 커진 풍력발전의 민낯"이라는 제목의 사설을, 〈문화일보〉는 "탈원전 어젠다 허구성 거듭 보여준 텍사스 정전 사태"라는 제목의 사설을 실었다. 〈조선일보〉는 "텍사스 정전 사태를 보라"라는 제목의 데스크칼럼을 내보냈다. 원자력 대신 재생에너지를 늘려온 텍사스가 지금 어떻게 되었는지 똑똑히 확인하라는 것이다.

그래서 똑똑이 살펴봤다. 그런데 다른 문제가 보였다. 정전 사태의 핵심 원인은 재생에너지가 아니었다.

〈뉴욕타임스〉, "풍력은 핵심 원인이 아니다."

2월 17일 〈뉴욕타임스〉의 디온느 시어시 기자는 "풍력발전은 텍사스 정전 사태의 핵심 원인이 아니다"라는 제목의 기사를 통해 정전의 주요 원인은 텍사스 전력 공급에서 가장 큰 비중을 차지하는 천연가스 파이프라인이 얼어붙은 데 있다고 말했다. 풍력발전은 전력 공급의 일부(약 7%로 추정)만 담당하는데, 보수 정치권이 화석연료를 방어하기 위해 허위 정보를 퍼뜨리고 있다는 지적이었다.

산타바바라 캘리포니아대학 정치과학과 레아 스톡스 교수는 "지난여름 캘리포니아나 이번 겨울 텍사스처럼 전력망이 위협받을 때마다 사람들은 화석연료 같은 단골 메뉴를 무기로 꺼내든다"라면서 "우리 인프라는 극단적 날씨에 견딜 수 없고 아이러니하게도 이런 날씨를 만든 건 화석연료"라고 일갈했다(〈뉴욕타임스〉 2월 17일자).

보수 언론은 얼어붙은 풍력발전기만 부각시켰는데, 실은 그보다 많은 천연가스와 석탄 발전시설이 얼어붙은 것이었다. 원자로 한 기도 물 공급장치가 얼어붙어 가동이 중단되었다. 텍사스 주의 전력망을 관할하는 전기신뢰성위원회ERCOT는 총 46기가와트에 달하는 전력 손실량의 61%가 석탄, 원자력, 천연가스 발전에서 비롯되었고, 39%가 태양광과 풍력 발전 문제였다고 밝혔다.

텍사스 주지사가 말을 바꿨다는 지적도 나왔다. 댈러스의 지역방송 WFAA는 애벗 주지사가 자신들과 인터뷰를 할 때는 정전의 주 원인이 천연가스 때문이라고 했다가 〈폭스뉴스〉에 나가서는 재생에너지로 돌렸다고 지적했다.

WFAA는 주지사 사무실에 이메일을 보내 "〈폭스뉴스〉에서 잘못된 정보를 언급한 이유"가 무엇인지 물었지만, 주지사 사무실은 질문에 답하지 않았다.

〈가디언〉, "기후변화에 준비되지 않았다."

이번 정전 사태의 원인은 기상이변이 불러온 전력수요 급증에 대비하지 못한 주 정부의 준비 부족이라는 지적도 나왔다. 미국의 공영라디오 NPR은 온라인 기사를 통해 "재앙은 추운 날씨 때문에 텍사스 전역의 사람들이 전열기를 한꺼번에 사용하면서 시작되었다"라고 보도했다.

여름이 더운 텍사스의 특성상 전력망 담당자들이 고온으로 에어컨 사용이 급증하는 여름철 전력 수요에만 신경을 썼고, 겨울철 혹한으로 인한 전열 수요에는 대비하지 못했다는 지적이다. 영국의 〈가디언〉은 이번 정전 사태가 기후위기에 대해 미국이 전혀 준비되지 않았음을 보여준다고 언급했다. 작년 여름 기록적 폭염 속에 정전 사태를 빚은 캘리포니아 주와 올겨울 텍사스 주의 사례를 비교·분석한 기사를 통해 공통점을 지목했다. 두 사례 모두 근본 원인은 극한의 기후를 예상하지 못한 주 정부의 준비 부족이었다.

퍼듀대학의 로시 나테기 교수는 지난 20년 동안 미국 전역에서 발생한 기상이변이 정전의 주요 원인이었지만 이에 대한 대비는 부족했다고 설명했다. 실제로 2020년 9월 발표된 미국 에너지부DOE 분석자료에 따르면, 미국의 기상 관련 정전 사고는 2000년 이후 67%가 증가했다. 그러나 텍사스와 캘리포니아 주의 발전소와 발전기, 송전선은 재앙에 견딜 수 있게끔 설계되지 않았다.

낡은 전력 인프라는 텍사스만의 문제는 아닌 것 같다. 2015년 미국 에너지부 보고서에 따르면, 미국 전력변압기의 70%는 25년 이상, 회로차단기의 60%는 30년 이상, 송전선의 70%는 25년 이상 되었다. 중국의 관영매체인 〈글로벌타임스〉는 미국 정부가 이익만 추구하는 민간 전력회사들에 문제를 맡겨두면서 2008년부터 2017년까지 10년간 평균 3188건의 정전이 발생하는 등 미국이 선진국 가운데 가장 정전이 많이 발생하는 나라가 되었다고 비판했다.

유사시 다른 주의 전력을 공급받지 못하는 텍사스만의 '독자 전력망' 시스템도 문제로 지적되었다. 텍사스는 규제를 피하기 위해 연방정부나 다른 주와 전력을 공유하지 않았는데, 이것이 큰 피해의 또다른 요인이었다는 것이다.

유사시에 우리 이웃이 전력망이 될 수 있다

바이든 정부는 이번 사건을 통해 기후변화에 대비한 '국가 인프라 강화'라는 교훈을 얻은 것 같다. 2021년 2월 18일 바이든 대통령의 국토안보정책을 담당하는 리즈 셔우드 랜달 백악관 보좌관은 "기후변화는 현실이 되었으며 우리는 이에 대해 적절한 준비가 되어 있지 않았다"라고 말했다. 그는 텍사스 정전 사태를 언급하면서 "전력망이 기후변화로 과부하가 걸렸지만, 인프라는 극한 조건을 견딜 수 있도록 설계되지 않았다"라며 앞으로 연방정부는 악천후에 대비한 인프라 강화를 위해 주 정부와 협력할 것이라고 강조했다.

실제로 중앙정부 주도의 전국적 '스마트그리드(전력망)' 구축사업은 대단히 중요해 보인다. 기후변화로 갈수록 전력 수요와 공급이 들쭉날쭉할 것이기 때문에 생산되는 전력을 효율적으로 분배하고 충분히 저장할 수 있는 기반시설이 무엇보다 필요하다. 재난으로 거대 전력망이 무너질 경우에 대비해 마을 단위로 자가발전을 하고 이를 공유하는 '분산형 전력시스템'의 필요성이 입증되기도 했다. 폰 마이어 UC버클리 전기공학과 교수는 〈가디언〉과의 인터뷰에서 이렇게 말했다.

"우리 이웃은 유사시에 필수 전력을 생산하는 '전력 단위'가 될 수 있습니다."

마을공동체가 태양광 패널이나 풍력 터빈으로 전기를 생산하고 이를 배분하는 마이크로그리드(소지역 전력망)를 통해 거대 전력망이 무너지는 상황에서도 병원 같은 필수 인프라를 계속 작동시킬 수 있다는 것이다.

"제가 사는 (캘리포니아) 지역도 정전이 잦았고 지난 산불 때는 거의 24시간 전기가 끊겼는데, 그래도 우리 동네는 기본 시설을 계속 가동할 수 있었습니다."

그동안 한국은 원전이냐 태양광이냐, 석탄이나 풍력이냐 하는 식의 에너지 '생산 방식'에만 관심을 기울였지 이를 효율적으로 배분하는 인프라에는 크게 관심을 두지 않았다. 이번 텍사스의 재난은 기후변화가 아주 빠른 속도로 엄습하고 있으며 에너지의 분배와 관리도 생산만큼 중요하다는 교훈을 주었다.

미국의 에너지 심장 텍사스는 지난 10년간 주민 투표와 경제적 타당성을 검토해 원자력 대신 재생에너지를 빠른 속도로 늘려왔다. 이번 재난을 통해 과연 텍사스는 더 큰 전력망(연방정부 단위)과 연결하고, 더 작은 전력망(마을 단위)을 구축하는 인프라 혁신을 이룰 수 있을까.

"전쟁에 대비해 설계된
원자로는 없다."

    우크라이나와 러시아의 전면전 이후 가뜩이나 오름세였던 석유와 천연가스 값이 심하게 치솟았다. 러시아는 세계 3대 산유국이자 세계 2위의 천연가스 생산국이기에 전쟁 발발 직후 브랜트유 선물가격은 한때 100달러를 넘어섰고, 유럽의 천연가스 가격도 폭등했다. 국내 휘발유 값도 6주 연속 올랐다(2022년 3월 2일 기준).

    이런 가운데 원자력발전소 업계의 목소리도 힘을 얻었다. 다른 나라 에너지에 의존하지 않을 수 있고, 날씨에 상관없이 균일한 전력을 생산하는 기저 전력으로서 중요성을 피력했으니, 한편으로는 일리 있는 주장이다. 그러나 간과해서는 안 될 지점도 있다. 바로 안전성이다.

일촉즉발의 전투가 벌어지고 있는 우크라이나에는 1986년 인류 최악의 방사능 유출 사고를 일으킨 체르노빌 원자력발전소가 있었다. 체르노빌 원전은 사고 뒤 가동을 멈췄지만, 전력의 절반 이상을 원전에 의존하고 있는 우크라이나에는 현재 4개의 원전에서 15개의 원자로가 가동되고 있다.

전면전이 시작된 직후 제임스 액튼 카네기 국제평화기금 핵정책 이사는 우크라이나에서 가장 직접적인 핵 위험은 체르노빌이 아니라 지금 가동 중인 4개의 원자력발전소라고 자신의 블로그에서 언급했다.

"체르노빌은 주변으로부터 멀리 떨어진 곳의 거대한 격리시설 안에 있지만, 우크라이나의 다른 원자로들은 격리되어 있지 않습니다. 이들 원자로에 있는 연료들은 체르노빌보다 실질적으로 더 많은 방사능을 갖고 있고요."

그는 가동 중인 원전 주변에서의 교전 가능성에 주목한다. 모스크바가 원자로에 대한 직접 공격을 감행할 가능성은 매우 낮아 보이지만, 근거리 무기들이 항법장치 고장으로 원전을 향할 수 있는 상황, 발전소 내부 관리인력들이 작업을 못 하게 되거나 원자로 냉각에 필요한 전원이 차단되는 상황을 우려했다.

"간단히 말해 전쟁에 대비해 설계된 원자로는 없습니다."

실제로 미사일 피격 같은 상황은 원자로 설계에서 고려 대상이 아니다. 미국 원자력규제위원회의 규정에도 "원전 면허 신

청자에게 외국 정부나 개인의 공격과 파괴적 행위로부터 원전 시설을 보호하기 위한 설계까지 요구하지 않는다"라고 명시되어 있다. 한국의 원자력안전위원회와 원자력안전기술원도 항공기 추락 위험은 고려하지만 미사일 피격은 설계에 고려하지 않는다고 밝힌 바 있다. 적의 미사일 피격까지 고려하면서 경제성 있는 원전을 짓기란 현실적으로 불가능하다는 것이다.

체르노빌 원전 주변의 교전 우려

국제원자력기구IAEA 사무총장 라파엘 그로시는 2022년 2월 27일 성명을 통해 우크라이나의 15개 원자로를 위험에 빠뜨릴 수 있는 군사행동을 최대한 자제해달라고 촉구했다. 가동이 중단된 체르노빌 원전에 대한 걱정도 감지된다. 체르노빌 사고에 대해 저술한 케이트 브라운 MIT대학 교수는 원자로 주변 지역에서의 전투를 걱정했다. 방사능으로 오염된 토양에서 화재가 나면 연기를 매개로 방사능이 주변 지역으로 옮겨갈 가능성이 크다는 것이다.

"체르노빌을 '격리구역'이라고 부르는 데는 이유가 있어요. 방사능 누출을 막기 위해 축구장 세 개 길이의 철제 구조물로 덮었어요. 그곳에 미사일이 떨어진다면 최악이죠."

미국 에너지부 방사성폐기물 관련 부국장직을 역임한 레이크 바렛도 체르노빌 원전 부근에서의 폭발을 우려했다.

"가장 큰 위험은 방사성 세슘으로 오염된 토양 주변에서 폭발이 일어나는 겁니다. 먼지처럼 공중으로 퍼져나가는 거죠."

만일 전쟁이 장기화되어 통제 불가능한 상황이 되면 더 큰 위험에 직면한다. 원전은 가동이 중단된다고 해도 많은 핵폐기물이 남아 있어 이에 대한 처리 작업이 진행될 수밖에 없다. 20년 넘게 전력을 생산해온 체르노빌 원전도 사고 이후 가동은 중단되었지만 여전히 많은 핵폐기물이 남아 있다. 손상되지 않은 다른 원자로에서 제거된 수만 개의 사용 후 연료도 보관되어 있고, 이보다는 덜 위험한 중·저준위 폐기물도 여전히 현장에 남아 있다.

2022년 2월 28일 푸틴 러시아 대통령이 핵무기 운용 부대에 경계 태세를 강화할 것을 지시한 가운데, 우크라이나 핵시설 두 곳이 공격을 당했다. 35개국으로 구성된 IAEA 이사회는 3월 2일 긴급회의를 열어 우크라이나 사태를 논의한 뒤 깊은 우려를 표명했다. 그로부터 10개월이 지난 2022년 겨울에도 원전 시설에 대한 포격은 계속되고 있다. 2022년 11월 19일과 20일만 해도 우크라이나 남부에 위치한 자포리아 원전에 12차례 이상의 포격이 가해졌다. 우크라이나 측은 이로 인해 재가동을 준비 중이던 원자로 5기, 6기와 관련 시설들이 손상되었다고 밝혔다. 과연 이런 위험이 남의 일일까? 북한의 거듭된 미사일 발사는 한

반도의 긴장을 고조시키고 있다. 그럼에도 새 정부는 전체 전력 믹스에서 원전 비중을 30% 이상으로 확대할 것을 정책 방향으로 잡는 등 친원전 행보를 이어가고 있다. 다시 말하지만 전쟁에 대비해 설계된 원자로는 없다. 원전에 대한 지나친 의존을 줄이고 분산형 에너지원인 재생에너지의 비약적 향상을 꾀해야할 또다른 이유이기도 하다.

우리 10년 뒤에 뭐 하고 있을까?

서연: 우리 10년 뒤에 뭐 하고 있을까?

승민: 난 건축하고, 넌 피아노치고 있겠지.

영화 〈건축학개론〉에 나오는 대사다. 그런데 현실에서는 참 어려운 질문이다. 10년은커녕 일 년 뒤도 장담할 수 없는, 있는 일자리도 줄어드는 이 불확실성의 시대에 누가 10년 뒤를 아무렇지도 않게 이야기할 수 있을까.

그런데 하늘이 무너져도 솟아날 구멍은 있다며 오늘의 기후위기를 제대로 보고 똑똑하게 대응하면 그 과정에서 수많은 좋은 일자리가 만들어질 거라고 목소리를 높이는 사람이 있다. 그는 환경사회학자인 서울대학교 환경대학원 윤순진 교수다.

"풍력 하나만 볼까요. 풍력발전에서 나오는 일자리가 몇 개
나 될 것 같으세요?"

KBS가 취업을 앞둔 20~30대 청년을 위해 준비한 미래사회
강연프로그램 〈빅체인지 2030〉에 출연한 윤 교수는 프로그램에
서 덴마크의 풍력발전 사례부터 풀어나갔다. 기름 한 방울 나지
않는 우리나라와 비슷하게 거의 모든 화석에너지를 수입에 의
존해오던 덴마크는 1973년 석유파동(오일쇼크)을 겪으면서 재생
에너지 기술 개발에 매진해 지금은 전체 전력량에서 재생에너
지 비중이 80%를 넘어서는, 재생에너지 최강국이 되었다고 한
다. 그런 덴마크 소비전력의 42%를 담당하고 있는 풍력발전 하
나만 봐도 꽤 다양한 고급 일자리가 만들어지더라는 이야기다.

"이걸 어디에 설치하느냐 입지 선정도 중요해요. 사업지 개
발 및 개척 관련 전문 인력들이 필요하다는 거죠. 그리고 풍력발
전기를 제조하는 인력들이 있겠죠. 거대한 날개 재료부터 설계
까지 모두 기술이에요. 바다 위에 설치하는 해상풍력발전의 경
우는 바닷속 하부구조물이 필요하죠. 정말 숙련된 고급 인력들
이고요. 설치한 뒤 지속적인 관리와 AS 그리고 얼마나 많은 전
기를 만들었고 바람의 양은 어떻게 변하는지 꾸준히 모니터링
하고 분석하는 데이터 전문가들까지 고액 연봉자들이 많아요.
자본도 필요하죠, 프로젝트 파이낸싱, 금융과 관련된 사업자금
을 운용하는 인력들… 결국 제조, 운반, 유지, 관리 등 다양한 분

야에 걸쳐 좋은 일자리들이 만들어지고 있죠."

윤 교수는 계속해서 몇 가지 사례를 더 들었다. 에너지 분야부터 건축 분야, 제조 분야까지. 특히 집을 짓는 건축 분야 이야기가 재미있었다.

"건축 분야에서 시멘트 다음으로 탄소 배출이 많은 분야는 냉방과 난방이에요. 우리나라처럼 사계절이 뚜렷한 나라는 여름에는 냉방용 에너지 수요가 많고 겨울에는 난방용 에너지 수요가 많잖아요. '단열'만 잘해도 냉난방 에너지를 아끼죠. 건축물 단열에서 굉장히 중요한 게 환기시스템이라고 해요. 여름에는 냉기를, 겨울에는 온기를 유지하며 공기만 교체해주는 환기시스템이 앞으로 굉장히 중요한 산업 분야인데, 이 분야에서 가장 앞서 있는 나라는 독일입니다. 독일은 아예 법으로 건축물 면적당 에너지 소비량을 규제하고 있어요. 독일의 건물에너지법은 냉난방 사용에너지의 최소 15%는 재생에너지로 그리고 오는 2025년부터는 석유 보일러 설치 및 운용을 금지하도록 되어 있어요. 이런 사회 분위기 속에서 첨단 단열공법을 이용한 패시브하우스 등 친환경 건축기술의 선진국으로 우뚝 서 있죠."

강연을 들으면서 지난여름에 봤던 해외 기사가 떠올랐다. 미국에서 기후위기 대응에 진심인 캘리포니아 주에서 가장 각광받고 있는 기후 일자리들에 대해 연봉이나 일자리 창출 잠재력까지 정리해놓은 기사였는데, 거기서 언급된 일자리 유형이 정말 수두룩했다.

캘리포니아주의 기후 일자리들

1. 태양광 설치 기사(2018~2028년 사이 예상 일자리 증가율 65%).

2. 수문학자(가뭄으로 물이 부족한 캘리포니아의 물 순환).

3. 생화학자·생물물리학자(바이오연료, 생분해성 제품 개발).

4. 환경과학자와 전문가(환경법 준수를 위한 솔루션 분석 개발).

5. 보전 과학자·산림 관리전문가(산불로부터 산림자원, 토양 및 수자원 보전).

6. 재활용품 수작업 노동자·자재 운반자(쓰레기 재활용 전문가).

7. 환경 엔지니어(식수 안전 및 폐기물·유해물질 처리).

8. 산업공학자(작업 프로세스를 개선해 에너지 효율성을 높이고 폐기물을 줄이는 데 중점).

9. 운영 리서치 분석가.

10. 지구과학자.

11. 전기 기사.

12. 도시 및 지역 계획 전문가.

13. 농식품 과학자.

14. 관리 분석가(환경규정 준수 등).

글로벌녹색성장기구GGGI에 참여한 29개국 가운데 27개국의 재생에너지 전환 목표를 살펴보면, 이 과정에서 일자리 약 1000만 개가 창출될 것으로 예상된다. 윤순진 교수는 이렇게 덧붙인다.

"이제 환경문제는 멀리 있는 일이 아니라 우리의 먹고사는 문제 자체입니다."

아무리 좋은 일도, 즐거운 일도 먹고사는 문제가 해결되어야 지속가능하지 않을까. 그런 의미에서 기후 분야는 제대로 알고 똑똑하게 대응만 한다면 의미도 있고 먹고살 만하기도 한 좋은 일자리를 제공하는 흔치 않은 분야일 것이다.

4장

문명의 전환

싸이님, '흠뻑쇼'를
이렇게 바꿔보면 어떨까요?

내용을 잘 모르는 분들도 제목 정도는 한 번쯤 들어봤을 법한 '싸이 흠뻑쇼' 논란, 이야기는 최악의 봄 가뭄 무렵에 나왔다. 2022년, 영농철이 시작되었는데 비가 안 와도 너무 안 왔다. 5월 강수량은 역대 최저였고 봄 기온은 가장 높았다. 농촌에서는 갓 심은 마늘이 말라 죽는다며 경운기로 물을 실어 나르기까지 했다. 이 와중에 월드스타 싸이가 '흠뻑쇼'를 재개한다는 소식이 전해졌다. 흠뻑쇼는 공연 중에 관객을 향해 물을 뿌리는 싸이만의 여름 콘서트다. 코로나19로 중단되었던 이 행사가 3년 만에 재개된 것인데, 문제는 콘서트 한 번에 300톤 가까운 물을 사용한다는 것. 보통 때라면 전혀 문제 되지 않겠지만 때가 때인 만큼 SNS에서 이런 말들이 나왔다.

"워터밤 콘서트 물 300톤 소양강에 뿌려줬으면 좋겠다."

'워터밤 콘서트'는 관객과 아티스트가 팀을 이뤄 물 싸움을 하는 음악 행사다. 물을 많이 쓰는 콘서트가 여기저기 다시 시작되었는데, 그 대명사인 싸이의 흠뻑쇼가 도마 위에 제대로 오른 것이다. 이후 심각한 가뭄을 고려해 자제해주었으면 좋겠다는 '자제론'이 이어졌다. 반대 의견으로 물 300톤 가지고는 가뭄 해갈에 도움이 되지 않는다는 '실용론'이 등장했다. 또 스트레스를 날리는 것도 좋지만 미래 세대에 대한 책임의식을 갖자는 '책임론'이 나왔고, 이에 대한 반비판으로 도덕적 외피를 두르며 자신의 정의로움을 어필하려는 '선민의식과 엘리트의식'의 산물이라는 철학적 비판까지 등장했다. 그렇게 후끈 달아올랐던 흠뻑쇼 논란은 장맛비가 내리면서 식어갔다.

그런데 이런 논란은 시간이 지나면 해소될까? 그렇지 않을 것 같다. 현실적으로 가뭄은 갈수록 더 심해질 것이기 때문이다. 기후과학자들의 시뮬레이션 결과가 그렇고 APEC 기후센터가 내놓은 동아시아 기후 전망도 그랬으며, 실제 기상청 관측결과도 같은 방향을 가리켰다. 2022년 1월부터 11월 17일까지 전남 지역에 내린 비는 805.1밀리미터로 1973년 이후 49년 만에 가장 적은 양이었다. 갈수록 뜨거워지는 한반도에서 싸이의 콘서트만이 아니라 물을 많이 쓰는 콘서트에 참여하는 아티스트라면 누구든 도마 위에 오를 수 있다는 뜻이다. 이번 논란을 말

싸움 정도로 넘길 게 아니라 그 속에 숨어 있는 공연 소비자들의 마음을 꿰뚫어보고 창의적 대안을 공연 기획에 장착시켜야 할 때가 아닐까.

그런데 공연 분야는 기후환경 분야 같은 가치 소비를 실현하는 데 있어 상당히 조심스러운 분야 중 하나다. 공연장을 찾는 소비자들은 다큐멘터리를 보거나 사회운동을 하기 위해서가 아니라 '오늘만큼은 세상일 다 내려놓고 제대로 놀아보자'라는 마음으로 오기 때문이다. '놀아보자'라는 인간의 본능적 욕망과 가치 실현이라는 이성적 욕구를 자연스럽게 연결시켜 하나의 지속가능한 공연상품으로 만들어낼 수 있을까?

영국의 록밴드 콜드플레이는 해답을 찾기 위해 연구자들을 찾았다. 대학 연구자들에게 의뢰해 자신들의 공연 투어에 관한 탄소발자국을 계산한 뒤 탄소 배출 50% 절감 계획을 짰다. 그러고는 상상력을 입혀 공연장 바닥에 관객들이 발을 구르며 뛰면 전력을 생산하는 장치를 설치하는 등 관객과 함께 실천하는 저탄소 공연 모델을 만들어가고 있다.

이들처럼 거창하게 '지속가능 투어'라는 제목을 달 필요는 없다. 자칫 탄소중립을 중시하는 소비자에게 '그린워싱'(녹색분칠)이라는 의심을 받을 수도 있고, 통상적인 소비자에게 '본말전도'라는 비판을 살 수도 있기 때문이다. 그저 작고 소박한 실천이면 충분하다. 월드스타 싸이도 이렇게 접근해보면 어떨까.

"수돗물이 아니라 빗물로 씁니다."

그 자체만으로 엄청난 파장을 불러일으킬 것이다. 빗물을 사람에게 뿌린다고? 어떤 느낌이 스치는가? 산성비, 오염물질 그리고 세균…. 그러나 이는 요즘 빗물 저장기술로 충분히 극복 가능한 오래된 편견들이다. 빗물박사로 알려진 서울대 건설환경 공학부 한무영 명예교수에 따르면, 빗물은 땅에 떨어져 지표면에 닿는 순간 산성이 아닌 중성이나 약알칼리성으로 바뀐다고 한다. 대기 중에 떠 있는 빗물은 '전하균형'을 맞추기 위해 산성을 띠지만 땅에 떨어지는 순간 지표면의 칼슘과 마그네슘 등 양이온과 결합해 중성이나 약한 알칼리성으로 변한다는 것이다. 실제로 그는 공과대학 지하에 빗물 저장소를 설치한 뒤 빗물을 받아 식수로 마시고 있다.

오염물질과 세균? 지난 2018년에 발표된 서울시 보건환경연구원의 빗물 수질분석 보고에 따르면, 서울에 있는 4층 건물 옥상과 산성비 측정망 여섯 지점에서 빗물을 받아 이온물질, 미량 금속원소, 일반세균 등 모두 25~38항목을 분석했더니, 비가 막 내리기 시작할 때 받은 초기 빗물은 대기오염 정도에 비례해 오염물질 농도가 증가했지만, 비가 계속 내릴수록 대부분의 항목이 초기 빗물보다 절반 이상 감소하는 경향을 보였다. 초기 빗물만 쓰지 않는다면 충분히 활용 가능하다는 것이다.

다만 일반 세균과 총대장균군 등 미생물의 경우 수돗물과 마찬가지로 소독 등 추가 처리가 필요할 것으로 보인다. 이것은 이미 빗물을 저장해 다양한 목적의 생활용수로 활용하고 있는 지자체나 스타트업과 논의하면 극복할 수 있는 문제다. 수원시 는 2014년부터 '그린빗물 인프라 조성사업'을 통해 월드컵 경기 장이나 공원에 대규모 빗물 저장시설을 설치하고 미세먼지 경 보나 폭염 경보가 내리면 받아놓은 빗물을 도로에 뿌려 온도를 낮추거나 미세먼지를 줄이는 데 쓰고 있다.

월드스타 싸이가 빗물을 활용한다면 우리나라 물관리에서 상당히 큰 이정표를 제시할 것이다. 우리나라는 연평균 강수량 이 세계 평균에 비해 1.4배 많지만 UN이 지정한 '물 부족 국가' 이기도 하다. 대부분의 강수량이 여름철에 집중되어 있다. 국토 의 많은 부분이 경사진 산간이라서 빗물은 그대로 바다로 흘러 든다. 이렇게 흘러가는 빗물의 5~10%만 활용해도 겨울 가뭄 을 해소할 수 있다는 말이 나온다. 그만큼 '빗물 저금통'의 역할 이 큰 것이다. 빗물을 모으는 집수 기술부터 모은 빗물을 화장실 용, 조경용으로 쓰거나 땅속에 침투·저류시켜 지하수를 확보하 는 기술이 전 세계적으로 빠르게 발전하고 있고, 우리나라에서 도 '물재이용촉진법'이 제정되었다. 그러나 아직도 사람들은 '빗 물' 하면 산성비나 오염물질을 떠올린다. 따라서 싸이가 만약 빗 물을 사용한다면 그 오해를 풀어주는 백만 불짜리 캠페인이 되 지 않을까.

기후위기가 심해지면서 월드스타들의 역할도 커지고 있다. 가까운 곳에서 재배된 로컬푸드를 이용해 탄소 배출량을 줄여보자는 캠페인도 내가 찍어 올리면 '이상한 아재의 뻔한 잔소리'로 들리겠지만, 스타가 찍어 올리면 '멋있는 캠페인'이 되기 때문이다. 그런 기후 인플루언서의 역할을 디카프리오는 아카데미 시상식장에서 찾았고, 박진영의 JYP는 한국형 RE100(재생에너지 100%) 기업인증에서 찾았다. 싸이는 어디에서 찾을 수 있을까? 흠뻑쇼 논란 그 자체에 답이 있지 않을까? 늘 관객 앞에서 최선을 다하는 월드스타 싸이의 유쾌한 성실함을 응원한다.

물티슈가 플라스틱이라는 걸
나는 왜 몰랐을까?

솔직히 몰랐다. 물티슈가 무엇으로 만들어졌는지. 종이는 아닐 거라 짐작은 했지만 대부분의 물티슈가 플라스틱 계열 합성섬유인 폴리에스테르를 사용해서 썩는 데 최대 100년 이상 걸린다는 건 상상도 하지 못했다. 그런데 나처럼 모르는 사람이 많은 것 같다. 2021년 1월 31일 경기도는 도민 1000명을 대상으로 한 '물티슈 사용 실태 및 인식 조사 결과'를 발표했는데, 물티슈의 원재료가 무엇인지 정확히 아는 사람은 35%에 불과했다. 잘 모르겠다는 사람이 44%였고 천연펄프나 천연섬유가 재료인 줄 아는 비율도 20%에 달했다.

나는 경기도의 조사 결과를 지인의 페이스북 글을 통해 알게 되었는데, 글 밑에 달린 댓글들이 이랬다.

"이런….."

"헉! 진짜요?"

"앗, 새롭게 배웁니다."

"모르고 살았는데 중요한 것을 알았네요."

"정말 큰일입니다. 물티슈를 너무 많이 사용하고 있어요."

"아기 키우며 정말 물티슈 많이 쓰는데 플라스틱이라는 것은 처음 알게 됐네요."

"어머, 물티슈를 자주 사용했는데 자제해야겠네요. 감사합니다."

찾아봤더니 물티슈를 만드는 원단으로 면이나 실크 같은 천연섬유를 쓰는 일은 거의 없다. 주로 재생섬유인 레이온과 합성섬유인 폴리에스테르를 혼방해 만든다. 가격을 저렴하게 맞추면서도 잘 찢어지지 않고 수분을 함유해야 하기 때문에 합성섬유의 사용이 불가피한 것이다.

그러나 이는 새로운 정보가 아니다. 물티슈는 플라스틱이라는 관련 보도가 꽤 오래전부터 나왔고, 이미 아는 사람들은 알고 있었다. 그런데 왜 많은 사람이 나처럼 둔감했을까. 미디어의 문제? 행정이나 환경교육의 문제? 그런데 시중에서 판매되는 물티슈를 둘러보다가 신기한 사실을 발견했다. 어느 회사도 제품의 원단 재질을 구체적으로 밝히고 있지 않았던 것이다.

2021년 2월, 나는 집 근처 편의점 두 곳과 중대형 마트 두

곳에서 판매되는 물티슈들의 겉포장 상품설명을 유심히 살펴봤다. 모두 20종류(중복될 수 있음)의 물티슈 제품이었는데, 14종류는 원단 재질에 대한 설명이 전혀 없었다. 물티슈 이름이 '실키'로 시작해 마치 실크(비단) 소재일 듯한 기대감이 드는 제품도 있었고, '의약외품' 허가를 받았다며 위생성을 강조한 제품도 있었지만 모두 마찬가지로 원단 재질을 밝히지 않았다.

주로 아기용 물티슈를 판매하는 D마트의 경우 3종류의 물티슈에 원단에 대한 설명이 있긴 했다. 그런데 이런 식이었다.

제품A: "천연펄프 함유"
제품B: "천연펄프가 함유된…"
제품C: "순면 감촉의 원단"

천연펄프가 얼마나 함유되었는지에 대한 자세한 설명은 없었다. 제품 C는 유아용 물티슈로 무려 15종의 화학물질을 뺐다고 홍보했지만 '순면 감촉의 원단'이라고 적어놓은 것이 다였다. 순면으로 만들었다는 것인지, 순면처럼 부드러운 재질이라는 것인지 명확하지 않았다. 다른 제품들도 부드러움이나 짱짱함, 깨끗이 닦인다는 이용자 중심의 편의성만 강조할 뿐이었다. 그러나 모두 폴리에스테르의 '폴' 자도 언급하지 않았다. 반면 성분 안전성에 대해서는 매우 자세히 언급했다.

제품A: 6단계 세정수, 유해물질 테스트 완료, 페퍼민트, 연꽃…

제품B: 유해물질 불검출, 독일 더마테스트 엑셀런트 등급, 올리브 나무…

제품C: 항균력 99.9%, 의약외품 제96호…

업체들이 이처럼 '성분의 친환경성'을 강조하는 것은 그동안 제기되어온 안전성 논란 때문으로 보인다. 사실 물을 적신 상태로 최소 1개월 이상 보존한다는 아이디어 자체가 화학물질을 부르는 것이다. 물은 세균 증식을 돕기 때문에 행주에 물을 적시면 하루도 안 돼 냄새가 난다. 이 말은 물티슈가 한 달이 지나도 멀쩡하다면 세균을 죽이는 살균제나 보존제, 방부제 같은 화학물질이 들어간다는 뜻이다.

2011년 부패 방지용 보존제가 일부 제품에서 검출되었고, 2014년 가습기 살균제 사고의 원인이 되었던 PGH, PHMG, CMIT, MIT 같은 화학물질이 또다시 일부 제품에서 검출되면서 한바탕 난리가 나기도 했다. 그러자 정부는 2015년 7월부터 그동안 공산품으로 분류되었던 영유아용 물티슈를 화장품으로 분류해 화학물질에 대해 보다 까다로운 기준을 적용했다. 업체 입장에서는 친환경성을 강조할 수밖에 없는 상황이 된 것이다.

앞으로 물티슈는 어떻게 될까?

이제 물티슈 이슈는 '플라스틱 여부' 자체가 주목받게 되지 않을까. 이미 뉴욕이나 런던 등 대도시에서는 물티슈 등이 하수구 막힘의 원인이 되어 골머리를 썩고 있다. 팻버그는 기름을 뜻하는 '팻fat'과 빙산을 뜻하는 '아이스버그iceberg'의 합성어인데, 싱크대를 통해 하수구로 흘러내린 기름 성분이 무심코 변기에 버린 썩지 않는 물티슈와 결합해 거대한 빙산처럼 단단한 덩어리가 돼 하수구를 막는 현상이 곳곳에서 발생하고 있다. 팻버그를 제거하려면 몇 사람이 하수구 안에 들어가 악취와 싸우면서 드릴 등을 동원해 장시간 작업해야 한다.

영국 수자원공사는 매년 처리하는 30만 건의 하수구 막힘 공사 중 93%가 물티슈와 관련이 있으며, 막힌 하수구를 뚫는 데 매년 1억 파운드(약 1568억 원)를 사용하고 있다고 밝혔다. 뉴욕시 환경보호국은 200만 달러짜리 지하철 광고캠페인을 벌여 "화장실용으로 표기된 물티슈도 변기에 버려서는 안 된다"라고 홍보했다. 광고와 달리 화장실용 물티슈가 하수관에서 깨끗하게 분해되지 않기 때문에 하수 시스템에 손상을 일으킨다는 이유였다.

경기도민 91%, '불편해도 물티슈 사용 줄일 의향 있다.'

경기도 조사를 살펴보면 우리가 물티슈를 정말 많이 쓰고 있다는 것을 알 수 있지만, 91%의 응답자가 물티슈 사용을 줄일 의향이 있다고 답하는 희망적인 사실도 확인할 수 있었다. 경기도민 한 사람이 하루 한 장의 물티슈만 줄여도 경부고속도로를 두 번 왕복하고도 남을 거리의 플라스틱 폐기물 방출을 줄일 수 있다는 계산도 소개되었다. 물티슈의 환경오염 문제에 대해서는 경기도 거주 응답자의 91%가 '심각하다'고 답했고, 91%는 불편을 감수하더라도 환경오염 등을 고려해 물티슈 사용을 현재보다 줄일 의향이 있다고 말했다. 또 76%가 물티슈를 일회용품 규제대상으로 지정하는 것에 찬성했다.

한편, 물티슈의 대안을 묻는 질문에 대해서는 '친환경 소재 물티슈 개발 및 유통지원이 효과적일 것'이라는 응답이 과반인 52%였다. 나는 물티슈 이슈를 조사하는 과정에서 상당히 많은 기업이 물티슈의 친환경적 대안을 출시하고 있다는 걸 알게 되었다. 아직은 값비싸고 가성비 면에서 효율이 떨어지지만 플라스틱 물티슈의 대안은 반드시 나올 것이다. 그 시간을 줄이는 가장 확실한 방법은 소비자인 우리가 일상에서 물티슈 사용을 아주 조금씩 줄여나가려는 정성 아닐까.

크리스마스 선물로
레고를 추천하지 않는 이유

"○○○님께서 보낸 상품이 문 앞에 도착했습니다."

명절을 앞두고 누구나 한 번 이상 받는 메시지다. 받을 때는 고마운 명절 선물이지만 거기에서 나온 거대한 포장 쓰레기가 골칫거리다. 포장 쓰레기는 우리나라 전체 생활 쓰레기의 절반 이상을 차지한다. 코로나19 이후 온라인 쇼핑이 급격히 늘면서 전 세계적으로 포장 쓰레기 발생량이 급증했다. 재활용 처리 업체들은 일 년 중 가장 많은 쓰레기가 나온다는 명절 연휴가 다가올 때마다 무척 긴장한다.

이런 가운데 우리가 어떤 선물을 주고받는지, 또 어떤 포장재를 쓰는지도 기후위기에 대응하는 탄소 배출량 절감에 커다란 영향을 준다고 말하는 이들이 있다. 그들의 목소리에 귀를 기울이다 보면 어느새 이런 생각이 든다.

"10년만 지나면 우리 선물문화가 많이 달라질 수 있겠구나."

플라스틱 선물 대신
로컬푸드 선물을

크리스마스 연휴를 앞두고 미국 작가 레니 조는 컬럼비아대학 지구연구소에서 발간하는 온라인 뉴스저널 〈스테이트 오브 더 플래닛〉에 '기후변화에 현명하게 대처하는 선물문화'에 관한 글을 썼다. 먼저 플라스틱 선물에 대한 경고를 날렸다.

"많은 장난감과 의류, 전자제품 안에 플라스틱이 들어 있습니다. 플라스틱은 깨지면 고치기 어렵고 그 폐기물은 해양 생물들이 사는 바닷속이나 해변에 쌓입니다. 미세 플라스틱은 생명체를 유해한 화학물질에 노출시킵니다. 일부 전자제품은 매립이 어려운 희귀금속을 함유하고 있기 때문에 여러분은 물건을 사기 전에 그것이 환경에 미칠 영향을 생각해보시기 바랍니다."

실제로 영국 플리머스대학 연구 결과 대표 플라스틱 선물인 레고 블록은 바닷속에서 짧게는 100년, 길게는 1300년까지 분해되지 않는다고 한다. 레고는 전 세계에서 가장 많은 플라스틱 타이어를 제조하는 업체이기도 하다. 장난감 타이어들 말이다. 2012년 미국의 기술미디어 웹사이트인 〈씨넷〉에 따르면, 레고 사가 2011년 생산한 플라스틱 타이어의 양은 3억 8100만 개로 굿이어 등 세계적 타이어 업체들의 생산량보다 많다고 한다.

당사자인 레고는 향후 10년 이내에 플라스틱 기반의 레고 블록을 사탕수수 등 친환경 재료로 대체하고 지속가능한 목표를 달성하기 위해 3년 동안 4억 달러(약 4600억 원)를 투자할 예정이라고 2020년 밝힌 바 있다. 그러나 쉬운 일은 아닌 것 같다. 레고 블록을 맨발로 밟으면 큰 곤욕을 치른다는 말이 있을 만큼 단단한 블록의 경도를 과연 친환경 소재들로 유지할 수 있을까? 2022년 8월 독일의 경제 전문 매체인 〈매니저마가친〉은 플라스틱으로 된 전통적인 레고 블록은 기후변화시대에 미래가 없다고 평했다. 비록 레고 사가 미니 피규어와 부속품 등을 친환경 소재로 대체하고 있지만, 대표 상품인 '블록'은 여전히 친환경 대안이 없다고 꼬집었다.

레니 조는 플라스틱 선물의 대안으로 대나무나 유리, 금속 재질로 만들어진 선물을 추천했다. 또 지역에서 생산된 로컬푸드도 추천했다. 지속가능한 명절 선물로 뭐니 뭐니 해도 먹을 수 있는 선물이 좋다는 것이다. 꼭 필요한 선물을 주고받는 선물문화를 위해 '영수증 동봉'을 제안하기도 했다.

"쓸모있는 선물을 하고 (받는 사람이 바꿀 수 있도록) 늘 선물영수증을 동봉하세요. 만일 '비밀산타Secret Santa' 놀이를 한다면, 불필요한 선물이 오가지 않도록 당신이 원하는 게 정확히 무엇인지 사람들에게 알려주세요."

그의 제안은 과소비의 상징이 되어버린 명절 소비문화에 대한 일침이기도 하다. 그는 미국인들이 크리스마스와 설날 사이 평소보다 25%나 많은 폐기물을 생산해 일주일에 100만 톤가량을 매립지로 보내고 있다고 지적했다.

"코로나19로 온라인 쇼핑이 늘면서 전국적으로 더 많은 포장 쓰레기가 집마다 배달되고, 매년 20억 개가 넘는 크리스마스 카드가 발송돼 10층 높이 축구장을 가득 채울 만한 종이를 소모하며, 3만 8000리터가 넘는 리본이 버려져 매립되고 있습니다."

그는 전 세계 온실가스 배출량의 45%가 우리가 매일 사용하는 물건을 생산하면서 배출된다며 소비습관의 변화가 생산의 변화를 끌어낼 수 있다고 강조한다.

"물건을 구매할 때는 좋은 재료를 사용했는지 여부와 디자인, 수리 가능성을 살펴보는 게 좋습니다."

오랫동안 쓸 수 있도록 잘 설계되고 쉽게 고쳐 쓸 수 있는 물건이 좋은 물건이라는 것이다.

보자기의 재발견

2020년 11월 15일, 영국 〈가디언〉은 '보자기'에 관한 기사를 실었다. 환경에 대한 관심이 높아지면서 반짝이는 종이 포장 대신 재활용이 가능한 보자기를 택하는 사람이 늘고 있다는 내용이었다.

"지난 3개월간 엣시Etsy(수공예 온라인 마켓)에서 '천으로 된 선물포장'을 검색한 횟수가 전년 대비 41% 늘었고, '친환경 선물포장' 검색량은 78% 늘었다. 영국의 화장품 소매업체 러쉬는 보자기를 응용해 다양한 디자인의 포장재를 팔고 있다. 소매점인 올리버 보너스와 토스트는 크리스마스 파티에 쓰이는 '크리스마스 크래커'(터뜨려서 개봉하는 선물)를 대체할 녹색상품으로 '보자기로 만든 식탁선물세트'를 기획했다. 영국의 백화점 체인인 존 루이스는 온라인으로 보자기 워크숍을 개최할 예정이다."

서양인이 이처럼 동아시아권의 선물문화인 '보자기'를 찾는 것은 환경에 대한 관심 때문이다. 반짝이는 포장재에 미세 플라스틱이 함유되어 있고, 종이 포장재의 절반만 재활용해도 수만 그루 나무를 심는 것과 같다는 걸 알게 된 사람들은 끊임없이 '포장의 대안'을 모색해왔다.

스티로폼 없앤 과일, 보냉백에 담긴 한우, 촘촘해진 스팸

최근 선물의 과대 포장에 대한 사전점검이나 페트병 투명 재질 의무화 등 '탈플라스틱 정책'이 강화되는 가운데 기업들도 친환경 포장 혁신에 동참하고 있다. 특히 과일, 고기, 생선 등 상대적으로 플라스틱이나 스티로폼 소재를 많이 쓰는 신선식품 포장에 대한 혁신이 눈에 띈다(스티로폼은 지역 재활용센터에서 가장 골머리를 앓는 포장 소재이기도 하다).

장보기 앱 마켓컬리는 2019년 9월부터 모든 배송용 포장재를 재활용이 가능한 소재로 변경하는 '올 페이퍼 챌린지'를 시행해 1년간 4831톤의 플라스틱 절감 효과를 거뒀다고 발표했다. 현대백화점은 2019년부터 과일 선물세트에서 스티로폼 등 플라스틱 포장재를 쓰지 않는 '올 페이퍼 패키지'를 늘려왔고, 사탕수수 섬유로 만든 '사탕수수 종이 박스'를 도입하기도 했다. 롯데백화점은 2019년 설부터 한우 등 정육 선물세트를 재활용이 가능한 '보냉 가방'에 담아 내놓았다. 롯데마트는 자체 개발한 종이 난좌(충격완화용 받침)를 적용한 과일, 채소 친환경 포장으로 환경부 주최 '착한 포장 공모전'에 입상하기도 했다. 신세계백화점은 2020년 과일 선물세트 종이 포장재를 60%까지 늘렸고, 홍삼류 등 건강식품 세트 포장에도 나일론 천 대신 분리배출이 가능한 종이 소재를 사용했다. 과일 선물세트의 띠지를 100% 제거한 이마트는 2018년부터 환경부와 비닐, 플라스틱 감축에 관한 자발적 협약을 맺어왔다.

CJ제일제당은 2021년 설에 노란 플라스틱 뚜껑을 없앤 스팸 선물세트를 선보였고, 투명용기로 바꾼 고급유 선물세트, 페트병에서 쉽게 떨어지는 수분리성 라벨 등 친환경 소재를 사용해 약 173톤의 플라스틱과 282톤의 이산화탄소 배출량을 줄였다고 밝혔다.

지역에서 구매하거나
경험을 선물하거나

탄소 배출을 줄이려면 포장이나 배송 자체를 줄이는 소비문화가 필요하다는 목소리도 있다. 미국 작가 레니 조는 앞서 소개한 〈스테이트 오브 더 플래닛〉 기고문에서 될 수 있으면 온라인 쇼핑보다 지역 상점에서 선물을 사자는 의견을 밝혔다.

"포장과 배송 과정에서 탄소가 배출되는 만큼 될 수 있으면 온라인 쇼핑을 피하세요. 대신 직접 가게로 가서 우리 지역 상인들을 기분 좋게 도와주세요."

영국 〈가디언〉의 소비자 전문기자인 레베카 스미서스는 "녹색 크리스마스 실천법"이라는 기사에서 물건 대신 '경험'을 선물할 것을 제안했다.

"꼭 상품화된 물건을 선물해야 할까? 대신 '경험'을 구매할 수 있지 않을까? 선물 상품권이나 영화 티켓, 박물관 회원권 등을 선물해보자. 동물단체를 후원하거나 열대우림 보호단체에 기부해도 좋다. 또는 직접 만든 음식을 선물해보자."

방식은 아무래도 상관없다. 선물을 고르기 전에 버리는 것까지 고려하는 습관이 정착된다면 누구나 다양한 방법으로 지구 환경을 위할 수 있지 않을까? 분명한 것은 과소비를 향해 화려함의 극치를 달리던 명절 선물은 갈수록 자취를 감출 것이라는 점이다.

그 많은 테이크아웃 용기들이
바다로 간다

"오늘 배달시킬까?"

"테이크아웃으로 할게요."

이렇게 배달이든 테이크아웃이든 한 끼를 먹거나 마시면 꼭 남는 게 있다. 식품 포장지, 식품 용기, 음료수병, 일회용 봉투. 대부분 플라스틱 재질로 구성된 이 네 가지가 전 세계 바다 쓰레기를 지배하는 주요 오염물이라는 연구 결과가 나오기도 했다.

스페인 카디즈대학의 카르멘 모랄레스 까셀 교수를 비롯한 미국, 호주, 네덜란드, 프랑스 등에서 온 26명의 국제공동연구팀은 7개 주요 해양환경에 대한 해양 쓰레기 유형을 분류해본 결과 테이크아웃 식음료의 플라스틱 세트가 전 세계 해양 쓰레기의 대부분을 지배하고 있으며, 어업 물품이 그다음을 차지한다고 발표했다. 스페인 정부의 지원을 받아 수행한 이 연구 결과는 2021년 6월 10일자 〈네이처 서스테이너빌리티〉에 게재되었다.

영국 〈가디언〉은 과학자들이 이번 조사를 통해 '일회용 봉투, 플라스틱병, 식품 용기, 식품 포장지'가 바다를 광범위하게 오염시키는 네 가지 품목으로, 인간이 만든 폐기물의 거의 절반을 차지하고 있다고 밝혔다. 또 플라스틱 뚜껑이나 낚시 장비를 포함한 열 종류의 플라스틱 제품이 해양 쓰레기의 4분의 3을 차지하며, 이들 제품이 대다수를 점하는 원인으로는 광범위한 사용과 지극히 느린 분해 과정 때문이라고 언급했다. 밧줄과 그물 등 어업 도구로 인한 쓰레기 문제는 공해(개방된 바다)에서만 중요 문제가 되고 있는데, 이는 전 세계 해양 쓰레기의 절반에 해당되는 양이라고도 이야기했다.

이 연구를 주도한 카르멘 모랄레스 까셀 교수는 〈가디언〉과의 인터뷰에서 특히 테이크아웃 플라스틱이 차지하는 비율에 놀라움을 감추지 못했다.

"플라스틱이 해양쓰레기의 80%를 차지한다는 데이터에는 놀라지 않았지만, 솔직히 우리가 먹는 테이크아웃 식음료 포장재들이 이렇게 높은 수치로 나온 데에서 무척 놀랐습니다. 맥도널드의 쓰레기나 코카콜라의 음료수병, 그 외 다양한 물병과 캔이 다 들어갑니다."

오염 막으려면 생산단계에서 차단해야

카르멘 모랄레스 까셀 교수는 이 연구가 시사하는 점에 대해 사후 약방문이 아닌 오염원을 차단해야 한다고 강조했다. 플라스틱이 담긴 바다를 청소하는 데 급급할 게 아니라 플라스틱이 바다로 흘러가지 못하도록 막아야 한다는 것이다.

과학자들은 일회용 봉투처럼 테이크아웃용 플라스틱 물품에 대한 규제가 가장 효과적이라고 입을 모았다. 꼭 쓸 수밖에 없는 플라스틱의 경우 생산자가 수거와 폐기에 대해 더 많은 책임을 져야 하며, 플라스틱병과 캔을 반환하는 소비자에게 소액의 현금을 지급하는 '보증금 반환 계획'을 제시하기도 했다.

이 연구에 대해 영국 플리머스대학의 리처드 톰슨 교수는 '대단히 유용한 연구'라고 평했다. 지금까지 관련 연구가 발표되지 않아 명백해 보이는 것들에 대한 정책적 실천이 미뤄진 현실을 지적하기도 했다.

영국 그린피스의 플라스틱 활동가인 니나 쉬랭크는 "이 연구의 결론은 정부가 일회용 플라스틱 포장재를 강력하게 규제해야 한다는 것"이라며 "우리는 지금 우리가 만들고 있는 플라스틱 폐기물을 절대로 재활용할 수 없다"라고 강조했다.

식목일에 대한 발상 전환

"어제가 식목일이었어?"

못 느끼는 게 당연하다. 아무도 이날 나무를 심지 않으니까. 더구나 이제는 공휴일도 아니니…. 현장에서는 이미 나무 심기의 적기가 4월 5일이 아니라 3월 중순이란 걸 알고 있다. 식목일을 나흘 앞두고 〈한국일보〉 기자가 국내 최대 규모 묘목시장(경북 경산종묘산업특구)에 가봤더니 오가는 차량 하나 없이 썰렁했다고 한다. 대목은 이미 한 달 전에 끝났기 때문이다.

"나무를 식목일에 맞춰 심는다는 건 옛말이에요."

벌써 10년 전부터 식목일을 3월로 앞당기자는 논의가 계속되어왔다. 기후변화로 한반도가 더워진 탓이다. 산림과학원에 따르면 나무 심기 가장 좋은 기온은 6.5도인데, 최근 10년간 식목일의 서울 평균온도는 10.6도였고, 남부지방은 더 높았다.

"2021년 산림청 조사에 따르면 국민 여론도 3월도 당기자는 의견이 50%를 넘는다. 그런데 왜 식목일을 앞당기지 못할까? 강력한 탄소 흡수원인 나무와 숲에 대한 전 국민 실천의 날로 식목일의 위상을 더 강화해야 하지 않을까?"

기후 레터에서 이렇게 열변을 토했더니 그 후 신기한 일이 벌어졌다. "식목일을 이런 식으로 바꿔보자"라는 답장이 오기 시작한 것이다. 하나하나가 참신하고 현장감이 묻어 있었다. 말이 나온 김에 다양한 분께 의견을 물어보면서 보강 취재를 했다. 그랬더니 한 편의 즉석 '세미나'가 되었다. 집단지성의 힘을 활용한 간이 심포지엄이랄까?

다섯 시민의 의견을 추려서 소개한다. 공통점은 딱 하나, 단순히 날이 더워졌으니 나무 심는 날을 당기자는 게 아니라 '숲과 나무를 다시 보고 실천하는' 새로운 가치를 부여하자는 것이다.

식목일에 새로운 가치를 부여해야
지지를 얻을 수 있다

서용민 더툴스 대표는 손꼽히는 광고마케팅 전문가다. 제일기획에서 크리에이티브 디렉터로 일하며 우리에게 익숙한 다양한 광고를 만들어온 그는 식목일을 왜 앞당기지 못하는지 답답

해하는 필자의 글에 대해 이렇게 답했다.

"순전히 캠페인 차원에서 보자면 … 저를 비롯해 많은 사람이 식목일에 대해 잘 모른다는 점을 전제로 하고, 캠페인을 통해 무언가 변화시키고자 한다면 그 변화를 통해 '새로운 가치'를 부여하는 것이 더 많은 사람의 지지를 얻을 수 있다고 봐요. 단순히 '기온이 높아졌으니 식목일 날짜를 당기자'보다는 좀더 시대적으로 중요한 가치를 부여할 수는 없을까. 나무를 심는 것만이 아니라 가꾸고, 보호하고, 활용하고 또 그 의미에 대해 공유하는 날로 말이죠. 그래서 나무를 심는 식목일이 아니라 아예 '나무의 날'로 바꿔서 가능한 사람은 나무를 심고, 학교에서는 나무를 공부하고, 가정에서는 반려나무도 방문하고, 직장에서는 근처 가로수를 정비하는 식의 '식목일을 옮기자'에서 '나무의 날을 새로 지정하자'는 쪽으로 가야 결과적으로 날짜를 옮길 수 있지 않을까 생각합니다."

우리 아파트 '소나무'부터 다시 보는 날

노건우 녹색전환연구소 연구원은 새로 나무를 심는 것보다 이미 심긴 나무와 숲을 잘 가꾸는 것에 방점을 두었다. IPCC 과학자들을 비롯해 수많은 전문가가 일관되게 강조하는 것은 숲과 나무를 지키는 일이라는 것이다. 그러면서 아파트 앞에 조경용으로 심긴 소나무 이야기를 꺼냈다. 충격적이었다.

"소나무는 대표적인 행정 편의주의의 사례입니다. 소나무 자체가 기후변화에 적응력이 떨어지는 수종이에요. 각종 병해충으로 이미 남부 지방부터 빠르게 사라지고 있습니다. 그걸 가장 익숙한 수종이라고 해서 조경용으로 많이 심는 거죠. 특히 좋은 아파트 단지일수록 산에서 잘 크고 있는 큰 소나무를 뽑아 심습니다. 강원도나 경북 지역에서 말이에요. 옮겨오는 과정에서 이를테면 세 그루 옮겨오면 한 그루 죽는 식입니다. 엄청나게 비싸고 가치 있는 소나무인데 그런 식으로 죽어요. 수십 년, 수백 년 살던 곳에서 뿌리째 뽑혀왔는데 당연히 적응력이 떨어지죠. 게다가 요즘은 아파트 단지마다 지하 주차장이 있기 때문에 토심 확보부터 어려워요. 너무 토심이 얕아 뿌리 활착이 힘듭니다. 그 소나무가 보유한 탄소보다도 이걸 캐서 가져오는 이동 과정에서 발생하는 탄소 배출량이 더 많고요."

실제로 한국조경학회지에 게재된 "강원 지역 대형 조경수 서울 이식에 따른 탄소 배출 연구"에 따르면, 30년생 강원 지역 소나무 한 그루를 이식하지 않을 경우, 50년을 더 살면서 저장할 탄소량은 그루당 약 90kgC인 반면, 서울로 이식해 오는 과정에서 발생하는 장비와 인력의 탄소 배출량은 그루당 약 113.69kgC였다. 소나무 한 그루가 여생 동안 탄소를 저장하는 양보다 이동 과정에서 약 1.26배 많은 탄소가 배출되는 셈이다.

도시의 탄소 흡수원을 생각하는 날

수도권의 한 아파트 단지는 경북 영천군에서 250년 된 소나무 한 그루를 아파트 주민들의 번영과 건강을 위해 옮겨 심었음을 알리고 있다. 이상아 녹색전환연구소 연구원은 그 장면을 떠올릴 때마다 답답하다며 이런 말을 했다.

"도심 녹지 중 공동주택 내 녹지 비중도 적지 않을 텐데요. 사유지라는 이유로 무분별한 가지치기와 농약 사용이 빈번합니다. 보통 아파트 분양 뒤에 시공업체 전문가가 조경을 관리하고요. 2년 뒤 하자 보수 기간이 끝나면 아파트 관리사무소가 관리합니다. 그런데 아파트 관리의 기준인 각 시·도 '공동주택 관리규약'에는 가지치기 등 나무 관리에 관한 규정이 없어요. 농약을 사용할 때도 어린이나 고령자 등 거주자에 대한 안전 기준도 마련되어 있지 않아 보이고요. 아파트 관리소 직원들에 대한 조경 교육이나 장비 지원 등 공동주택 녹지 공간의 설계·관리 기준이 마련되어야 해요."

두 연구원의 말을 듣다 보니 나무라는 사물이 좀더 피부로 와닿았다. 내가 살고 있는 아파트 단지에 있는 그리고 내가 걷는 거리에 있는 그 많은 나무와 나 사이에 '심리적 거리'가 단축된 듯했다. 이상아 연구원은 또 이런 말도 했다.

"제가 살고 있는 지역은 밤나무가 지역의 상징 나무라고 해서 가로수로 밤나무를 많이 심었어요. 그런데 밤나무는 가로수에 맞지 않은 수종이에요. 나무를 심는다면 제발 지역 특성에 맞게 잘 자랄 수 있고 탄소 흡수율이 높은 수종을 골랐으면 좋겠습니다. 공무원들의 인식도 바뀌었으면 해요."

노건우 연구원과 이상아 연구원은 식목일 논의가 서울과 경기도 같은 수도권에서는 '신도시 개발과 도심 내 녹지'에 대한 공론화로 이어졌으면 좋겠다는 바람을 내비쳤다. 탄소를 흡수하고 저장할 뿐 아니라 생태적 가치가 너무나 큰 나무와 숲이 개발 과정에서 무분별하게 훼손되고 있는데 이에 대한 적절한 대책을 마련하지 못한다는 것이다.

"인구가 계속 유입되고 있는 경기도 같은 지역의 도시계획에는 반드시 기본값으로 녹지생태계를 위한 녹지면적 비율과 관리 방안이 있어야 합니다. 그리고 도시 숲 바이오매스 총량제 등 도시 전체의 탄소 흡수원에 대한 체계적 관리도 필요하고요."

숲을 잘 가꿔서 산불을 예방하는 날

박민기 양평뉴딜포럼 사무국장은 몇 해 전부터 '내 나무 심기 프로젝트'를 진행하고 있다. 시민들 반응은 놀랄 만큼 뜨겁다. 올해 4월 1일에도 200여 명의 시민이 자발적으로 나무 묘목을 구입해 한데 모여 직접 심었다. 주로 가족 단위로 참여했다.

어린이집 원장님들의 반응도 각별하다. 그런데 남모를 고민이
있다.

"산림의 66%를 차지하는 사유림에는 나무를 심을 수 없고,
국유림은 산림청이 따로 나무 심는 용역을 주고 있고, 군 소유
숲은 깊은 산중에 있고, 강변 숲은 또다른 기관에서 관리하고 있
어서 정작 나무 심을 공간이 없어요. 시민들이 자기 돈으로 나무
를 심겠다는데도 공무원들에게 부탁해야 하는 입장이지요."

그렇다면 나무 심기 행사는 의미 없는 것일까? 박민기 국장
은 색다른 제안을 했다. 이 시대에 맞는 새로운 식목일의 가치는
'숲 가꾸기'에 있다는 발상이었다.

"산불에 취약한 곳은 동해안만이 아니고 양평도 마찬가지예
요. 불이 나면 다 타요. 가장 큰 이유 중 하나가 벤 나무를 바닥
에 그냥 그대로 두고 가서예요. 그게 불쏘시개가 되거든요. 그런
걸 거둬내든, 촘촘히 심긴 나무를 간벌하든 산림전문가들과 함
께 시민들이 일정 구역을 맡아 관리하거나 지역 특성에 맞는 수
종으로 재조림했으면 해요. 체계적인 산림 관리 계획 속에서 시
민 참여를 다양하게 활성화할 방안이 필요한 때라고 봅니다."

반려식물 정서 교육의 장

식목일을 생태 교육의 장으로 활용하자는 문제의식에도 주

목한다. 생태전환교육을 도입한 활동가들은 어린이들에게 나무에 청진기를 대보라고 한다. "쪼로록" 하며 수액이 움직이는 소리에 나무가 살아 있는 생명체임을 느낀다는 것이다. 그래서 어린 시절 생태교육활동을 접해본 아이들은 성인이 되어서도 사회성이나 정서 면에서 다르다고 한다. 최소옥 국사봉 중학교 생태전환교육부 교사도 비슷한 의견이었다. 학교 숲 가꾸기의 교육적 효과는 매우 크며 특히 코로나19 시기에 학생들이 '반려식물'을 가꾸는 것은 정서적 측면에서 무척 의미 있는 활동이라는 것이다. 문제는 지원이 없어 학교 교육활동으로 연결시키기가 무척 어렵다는 것.

"학교에서 나무를 심으려면 예산 문제에 봉착해요. 저희 학교도 탄소중립 학교로 올해 예산 지원을 받는데, 학교 숲 관련 예산은 별도로 편성되어 있지 않더라고요."

우리는 민둥산을 푸른 녹지로 바꿔본 경험을 가지고 있다. 1000만 등산 인구를 지닌 산악국가이기도 하다. 나무와 숲은 우리의 저력이자 문화 DNA이기도 하다. 정부와 지자체는 소중한 탄소 흡수원인 나무와 숲에 대한 체계적 연구와 정책을 펴고, 시민들은 아파트에서, 학교에서, 숲과 강변에서 나름의 방식으로 나무를 심고 가꾸고 가르치며 배울 수 있도록 하는 공론이 어서 빨리 시작되었으면 좋겠다.

채식급식하는 날은
매점 가는 날이라는데

지구를 위해 육식을 줄이자는 취지의 '채식급식'이 하나의 트렌드처럼 번지고 있다. 물론 모든 급식을 '채식'으로 바꾼 학교는 없다. 주 1회 혹은 월 2~3회 정도다. 문제는 학생들 반응이다. 한 커뮤니티 사이트 댓글이다.

"한창 고기 필요한 나이에 고기를 안 줘!"

"우리 학교는 왜 맨날 비빔밥이야?"

"말이 채식의 날이지. 잔반의 날, 매점의 날 될 듯."

실제로 학교 현장에서는 채식급식하는 날 남은 음식물이 평소보다 많다고 한다. 2022년 2월 〈경기일보〉 보도에 따르면, 인천의 한 채식 선도학교 영양교사는 "채식급식날이면 아이들이 '맛없다'라고 평하기도 하고, 평소보다 잔반이 30~40% 정도 많이 나온다"라며 어려움을 호소했다. 강원도에서는 채식급식 도입을 놓고 팽팽한 찬반 양론이 맞서기도 했다. 춘천 지역 언론 〈MS투데이〉가 2022년 3월 설문조사를 진행한 결과, 채식급식에 대해 57.9%(139명)가 반대했고, 42.1%(101명)가 찬성했다. 반대 의견은 주로 학생들의 영양 불균형을 우려했고, 찬성 의견은 건강한 식습관 형성을 강조했다.

프랑스에서는 이 문제가 정치 쟁점이 되기도 했다. 프랑스에서도 미식으로 유명한 리옹은 녹색당 소속 시장이 이끄는 지자체인데, 학교 급식에 고기를 뺀 단일 메뉴를 제공하기로 했다가 곤욕을 치렀다. 코로나19 거리두기를 위해 단일 메뉴를 제공한다는 명분이었지만, 프랑스 중앙정부 장관들은 시장이 코로나19 감염 확산을 이용해 자신의 이념을 정책으로 펼치고 있다며 집중포화를 날렸다.

물론 프랑스 전체적으로는 2019년부터 주 1회 채식급식이 의무화되었다. 앞으로 시간이 갈수록 채식급식은 다양한 형태로 늘어갈 것이 분명하다. 문제는 교육의 또다른 주체인 학생들의 선호도다. 아무리 좋은 취지의 음식도 억지로 먹이면 폭력이 되거나 부작용을 낳을 수밖에 없기 때문이다. 따라서 어떻게 하면 채식을 자연스럽게 정착시킬 수 있을지 고민이 필요한 때다.

그런데 마침 좋은 행사가 있었다. 경기도 녹색전환 공론장.

"거부감 없는 채식급식을 위해 마련되어야 할 제도나 방안이 있다면 무엇일까요?"

2022년 3월 18일 오후 2시, 100여 명의 경기도민이 각자 컴퓨터 앞에서 화상회의를 열었다. 녹색전환연구소와 지역에너지전환경기네트워크가 공동 주최한 이 공론장은 기후위기 대응을 위해 각 지자체가 풀어야 할 '녹색전환 10대 정책'에 대해 시민들이 직접 토론하며 의제를 정리하는 흔치 않은 자리였다. 경기도의 온실가스 감축 목표 설정부터 에너지, 건물, 교통, 자원순환 등 다양한 주제로 분과 소모임이 진행되었는데, 필자는 5분과인 '농업 먹거리' 분야에서 10명의 시민과 토론을 벌였다.

"학교 텃밭 교육을 하면 확실히 거부감이 줄어들더라고요."

안산에서 석탄에너지를 쓰지 않는 도시농업을 추구하고 있는 '도시농부' 김재규 씨의 제안이었다. 그는 인천 지역에서 50여 명의 아이와 직접 학교 텃밭을 가꿨는데, 땀 흘려 수확의 기쁨을 맛본 아이들은 확실히 채식 거부감이 덜하더라고 말했다.

"급식 동화 같은 창의적인 먹거리 교육이 저학년 아이들에게 흥미를 끌던데요?"

내가 말한 내용이다. 2009년 친환경 학교급식을 취재하기 위해 일본에 갔는데, 거기에서 흥미로운 모습을 목격했다. 한 선생님이 수업시간에 급식 재료인 완두콩 까기를 가르쳤는데, 아이들이 신기한 표정으로 수업에 참여했다. 그리고 그날 급식에 아이들이 직접 깐 완두콩 요리가 나왔다. 급식실에서는 선생님이 '켄짱'이라는 커다란 인형을 들고 먹거리 동화책을 읽어주고 있었다. 편식하는 어린이가 채소를 많이 먹고 기운 세고 씩씩한 아이가 된다는 내용인데, 이 학교 어린이들에게 '켄짱'은 친구처럼 친근한 존재였다. 아이들은 '켄짱'이라는 인형에게 몰려들어 "너도 채소 먹어봐"라며 말을 걸었다. 일본 요코하마의 시라네 초등학교와 이이지마 초등학교의 사례였다.

'채식'이라는 단어 자체에 대한 거부감

"학교 영양사 선생님들을 도와드려야 할 것 같아요. 너무 힘들어하시더라고요."

팔당 지역 생협운동가 성미선 씨의 말이다. 영양교사를 비롯한 조리 노동자들이 채식 레시피를 개발하고 먹거리 교육을 병행해야 하는데, 그럴 여유가 전혀 없다는 것이다. 다른 교사의 도움도 전혀 받을 수 없고, 학생과 학부모들의 쏟아지는 민원도 부담이라는 것이다.

이날 정책 발표를 한 이상아 녹색전환연구소 연구원은 채식 확대를 위해서는 크게 두 가지 포인트가 해결되어야 한다고 말한다.

"하나는 '채식'이라는 단어에 대한 거부감이에요. '채식'하면 '풀' 같은 느낌이 들기 때문에 학생들은 '맛도 없고 영양도 없다'

라는 인식을 가지고 있거든요. 그래서 '채식'이라는 말 대신 '식물성'이라는 말을 쓰자고 권고하는 지자체도 있습니다."

실제로 채식을 강조하면 채식주의나 엘리트의식, 육식 선호와의 대립 같은 시선을 감수해야 한다. 그래서 서울과 전라북도 녹색전환 공론장에서는 이런 의견이 나왔다고 한다.

"채식을 말할 때 '환경적인 식사' 또는 '제철 식사'로 불렸으면 해요. 채식과 육식을 경쟁 상대로 다룰 게 아니라 전체적인 식단이 채식에 가까워지는 쪽으로 방향을 설정해야 해요."(서울특별시 녹색전환 공론장 시민 의견)

"'채식 식단'이 아니라 '탄소를 줄이는 식단'으로 말하면 좋겠어요."(전라북도 녹색전환 공론장 시민 의견)

맛있는 채식으로 바꾸려면 예산 지원이 필수적

이상아 연구원은 둘째 포인트로 '급식실 노동환경'을 들었다. 채식을 확대하려면 우선 급식 노동자들의 노동환경부터 개선해야 실질적 효과를 볼 수 있다는 것이다.

"대부분의 학교 식단 내용을 보면 절반 이상이 가공육이에요. 그 이유는 조리 시간을 단축하기 위해서거든요. 조리사 선생님들이 소수의 인원으로 수백 명의 밥을 한꺼번에 해야 하니까 조리가 간편한 걸 선호해요. 반면 채소 같은 경우에는 그때그때

식자재를 구입해야 하고 다듬거나 조리하는 과정이 가공육보다 훨씬 많거든요. 그래서 단순히 채식을 하자고 하기 이전에 급식 노동자들의 환경부터 개선해야 하는 거죠."

실제로 '튀김'하는 날이 가장 두렵다는 말이 나올 만큼 급식 노동자들은 열악한 조리환경에 노출되어 있다. 전북 지역 공론장에서는 이 부분에 대한 의견이 집중되었다.

"방법론적인 준비가 되어야 해요. 학교 채식은 오래전부터 있었지만 대부분 실패했어요. 학교에서 준비되어 있지 않았거든요. 공약으로만 내세우지 말고, 실현 가능하도록 세부적으로 만들어야 해요."

"음식이 맛이 없으면 안 돼요. 대부분 육식인 식단을 맛있는 채식으로 바꾸려면 예산이 있어야 해요. 지금 구조에서 채식으로 식단을 바꾸면 부실해질 수밖에 없어요."(전라북도 녹색전환 공론장 시민 의견)

취재 과정에서 유아 급식에 대한 여러 모습도 만날 수 있었다. 어떤 학부모는 집에서는 편식을 하던 아이가 어린이집을 다닌 뒤 다양한 음식을 먹게 되었다며 흐뭇해했다. 반면, 어떤 학부모는 억지로 토마토를 먹이려는 어린이집 때문에 아이가 다시는 토마토를 안 먹겠다고 했다는 일화도 들려주었다.

세 살 버릇 여든 간다는 말이 있는데, 식습관에도 해당하는 말일 것이다. 밥상머리 교육, 이 중요한 먹거리 교육을 이제는 영양교사에게만 일임할 게 아니라 학교 선생님들과 학부모, 학생이 함께 머리를 맞대고 만들어갔으면 좋겠다.

치킨과 햄버거의 미래

    치킨, 햄버거, 소시지 혹은 한우 꽃등심과 삼겹살…. 듣기만 해도 군침 도는 음식들이다. 그런데 이 음식들이 식물성 원료로 만든 대체육이거나 실험실에서 나온 세포 배양육이라면 어떨까? 온실가스 배출이나 분뇨 등 공장식 축산에 대한 문제제기로 시작된 대체육류의 성장세가 심상치 않다. 2021년 5월 영국 〈가디언〉은 지난 2020년 동물세포 배양육 회사에 대한 투자가 6배 늘었고, 수십 개 회사가 설립되었다고 보도했다. 미국의 컨설팅 회사 A. T. 커니는 오는 2030년을 기점으로 대체육이 전 세계 육류시장의 30%를 점하고, 2040년에는 60%(동물세포 배양육 35%, 식물성 대체육 25%)의 시장점유율을 기록할 것으로 전망했다.

    이런 가운데 국내 축산업계는 고기를 주로 불판에 구워 먹는 한국의 특성상 외국과는 다를 것이라면서도 '가짜 고기'는 검증이 필요한 가공식품이라고 지적하는 등 민감하게 반응하고 있다. 과연 10년 뒤 우리 밥상에는 어떤 고기가 올라올까? 축산 업계와 농민, 정부에게는 새로운 쟁점이 될 것이다.

식물에서 고기맛 분자 찾아낸 실리콘밸리

제일 먼저 상품화되고 있는 것은 식물성분으로 만든 대체육 시장이다. 사실 나이 지긋하신 분들은 기억할 것이다. 콩고기의 출현을. 콩으로 만든 단백질인데 먹어보면 진짜 고기와 많은 차이가 났다. 그런데 요즘 나오는 식물성 대체육은 그 옛날의 콩고기와는 차원이 다르다. 특히 햄버거 패티의 경우 구별이 힘들 정도인데, 실리콘밸리를 중심으로 바이오 과학자들이 속속 기술개발에 뛰어들고 있기 때문이다.

미국 스탠퍼드 의대의 패트릭 브라운 교수도 그중 한 사람이다. 그는 바이오칩(DNA 마이크로어레이)을 발명한 생화학자인데, 기후변화에 대응하기 위한 실천의 일환으로 식물성 대체육을 만들기로 하고, 2011년 '임파서블푸드'라는 스타트업을 실리콘밸리에 설립했다. 연구자들과 함께 분자 수준에서 고기맛 유전자를 찾아나선 결과, 혈액 속 헤모글로빈에 있는 '헴Heme' 분자를 만드는 유전자를 식물에서 발견했다. 이것이 고기 특유의 맛과 향을 내는 성분임을 발견한 브라운 교수는 2016년 식물로 만든 햄버거 패티인 임파서블 버거를 선보였고, 2020년에는 식물성 소시지와 돼지고기를 출시하며 직원 600명 규모의 기업으로 성장시켰다.

"식물이 달걀이다."

2017년 녹두를 원료로 만든 달걀을 세계 최초로 개발한 미국의 스타트업 '잇 저스트'가 누리집에 표방한 말이다. 2021년 3월까지 1억 개 이상의 달걀을 판매한 이 기업은 식물성 달걀 생산을 통해 1400만 킬로그램의 탄소 배출을 줄였고, 5904에이커(203만 9615제곱미터)의 토지, 36억 갤런(13억 6080만 리터)의 물을 아꼈다고 주장한다.

또다른 실리콘밸리 기업인 '비욘드 미트'는 미시간대학에서 실시한 환경영향평가 결과, 자신들의 식물성 햄버거 패티가 미국산 쇠고기 버거에 비해 물과 토지, 에너지를 훨씬 적게 사용하며, 온실가스도 더 적게 배출한다고 밝혔다. 비유전자조작식품 non-GMO 식물을 이용하며 항생제와 호르몬, 화학첨가물을 전혀 쓰지 않는다는 것이다.

가격경쟁력은 어떨까? 보스턴컨설팅그룹은 식물성 대체육의 경우 2023년경 진짜 고기에 견줄 만한 경쟁력을 갖출 것으로 전망했다. 그러나 닭고기의 경우 맛과 향은 비슷하지만 닭고깃값이 워낙 저렴해 가격경쟁력을 갖추는 시점은 2023년 이후로 내다봤다.

대체육시장에 등판한 줄기세포

식물성 대체육과는 전혀 다른 방식의 육류가 2013년 네덜란드에서 나왔다. 의학에 활용되던 줄기세포 기술로 소고기를 만든 것이다. 마스트리흐트대학의 마르크 포스트 교수는 의대 졸업 후 조직공학을 연구하며 사람의 혈관을 만드는 데 대부분의 시간을 보낸 생명공학자였다. 그런 그에게 익명의 기부자가 연구비를 제공했다. 그는 훗날 구글의 공동창업주인 세르게이 브린으로 밝혀졌는데, 그의 요청은 '소고기 체외 배양'이었다. 곧 소를 도축하지 않고도 소고기 버거를 만들어달라는 요청이었다.

포스트 교수는 줄기세포 기술을 썼다. 소 근육에서 줄기세포를 뽑아낸 뒤 영양분을 주며 배양시키면 근육세포가 만들어지고, 세포들은 다시 근섬유처럼 엉키는데, 이렇게 배양한 2만 개의 근섬유를 동그랗게 말아 햄버거 패티로 만든 것이다. 세계 최초의 세포 배양 햄버거 패티였다.

최초의 세포 배양육을 프라이팬에 구워 먹어보는 시식회는 런던에서 생중계되었다. 미디어들은 이 햄버거 패티 한 장의 가격이 25만 유로(약 3억 6000만 원)라고 소개했다. 세르게이 브린이 제공한 연구비를 햄버거값에 빗댄 것이다. 포스트 교수는 이후 '모사미트'라는 스타트업을 창업했는데, 4년 뒤 햄버거 패티값은 10유로(약 1만 3000원)까지 내려갔다. 대량생산 시스템을 만들어서다. 모사미트는 소의 체세포 한 개로 8만 개의 버거를 만들 수 있다고 밝혔다.

"우리는 자연 상태에서 건강하게 자라는 소의 몸에서 참깨 크기의 체세포 샘플을 떼어내 배양합니다. 우리는 그 샘플 하나로 8만 개의 버거를 만들 수 있습니다. 소는 그 후에도 행복하게 살아갈 수 있고요."

관건은 대량생산 여부와 사람들의 인식

지구환경에 대한 관심이 증가하고 동물세포 배양육의 상업적 가능성(단가 하락)이 높아지면서 투자도 늘고 있다. 영국 투자은행 바클레이즈가 대체육류시장이 2029년까지 세계 육류시장의 10%까지 성장하리라 전망한 가운데, 펩시콜라나 맥도널드 등 글로벌 식품업체와 카길 같은 축산업체는 물론이고 빌 게이츠 같은 영향력 있는 임팩트 투자가들의 투자 소식도 전해졌다.

한 예로 실리콘밸리에 위치한 '멤피스미트'는 심장외과 전문의인 우마 발렌티 박사가 2015년에 창업한 기업인데, 2020년 1월에 1억 1100만 달러, 우리 돈 약 1250억 원 규모의 신규 투자를 유치했다. 투자를 주도한 곳은 소프트뱅크와 노스웨스트, 테마섹(싱가포르 투자회사)이었고, 축산기업인 타이슨푸드와 카길은 물론 빌 게이츠와 리처드 브랜슨(영국 버진그룹 회장) 같은 영향력 있는 투자자들도 참여했다. 이 회사는 소의 태아 혈청 배지를 사용하지 않고도 동물세포를 배양해내는 기술을 가진 기업으로 동물세포에 동물세포를 먹인다는 윤리적 부담을 덜었다.

세포 배양육의 관건은 대량생산 여부다. 아직 실험실 단계에서 크게 벗어나지 못했다는 분석이 많다. 〈네이처〉의 엘리 돌긴 기자는 "세포 배양육이 저녁식사 메인 메뉴가 될 수 있을까?"라는 기사를 통해 세포 배양육은 아직 실험실 단계에 갇혀 있으며 세포조직의 효율적 성장을 규모화시키는 게 관건이라고 지적했다. 보스턴컨설팅그룹은 2032년이 되어야 동물세포 배양육이 기존 고기와 경쟁할 수 있을 것으로 내다봤다.

그러나 새로운 소식들은 계속 들리고 있다. 싱가포르가 대체육 분야의 상업화 허브로 부상 중이다. 2020년 11월 싱가포르 정부는 세계 최초로 실험실에서 배양한 치킨 너겟에 대한 판매를 승인했다. 비록 한정 판매였지만 약 2년에 걸친 정부의 식품 안전성 검증 끝에 이뤄진 결과였다. 2021년 5월 초 이스라엘의 '퓨처미트'는 동물세포로 배양된 '닭가슴살' 생산 비용을 7.5달러에서 4달러로 절반 가까이 줄였다고 밝혔다. 이 회사는 앞으로 18개월 내에 생산비를 2달러 아래로 떨어뜨리는 것을 목표로 하고 있다.

지구를 위한 깨끗한 고기인가, 가짜 고기 가공식품인가?

대체육류를 둘러싼 사회적 논쟁은 지금부터 시작이다. 대체육류를 기후위기 먹거리 대안으로 보고 적극적인 정부 지원을 촉구하는 목소리가 있다. 유럽에서 지속가능 단백질 운동을 벌이고 있는 굿푸드연구소의 정책 관리자 아카시아 스미스는 〈가디언〉과의 인터뷰에서 "배양육류가 더 저렴하게 이용될 수 있도록 각국 정부가 배양육류에 대한 개방형 연구에 투자해야 한다"는 입장을 밝혔다.

반면 〈축산신문〉이 2021년에 개최한 '가짜 고기 위협, 어떻게 대응해야 하나' 간담회에 참석한 축산업계 관계자는 "가짜 고기도 여러 첨가제가 들어간 가공식품인데 이런 가짜 고기에 '고기'라는 표현을 법적으로 사용할 수 있는지 의문"이라고 이야기했다. 그렇다면 소비자들은 어떻게 생각할까?

한국농촌경제연구원이 2020년 8월 1000명의 소비자 패널을 대상으로 온라인 설문조사를 실시한 결과, 대체육을 먹어본 경험이 있는 소비자들 가운데 식물성 대체육의 만족도는 맛 22.1%, 가격 23.3%, 안전성 44.5%로 나타났고, 동물성 대체육은 맛 33.8%, 가격 21.7%, 안전성 32.4%를 보였다. 맛 만족도는 동물성이 식물성보다 높았지만, 안전성은 식물성이 더 후한 점수를 받은 것이다. 주목할 부분은 향후 구매 의사였다. 식물성 섭취 경험자 263명 중에는 52.5%가, 동물성 섭취 경험자 74명 중에는 71.6%가 구매 의향이 있다고 답했다.

미국과 영국의 소비자들은 대체로 개방적인 입장이라는 조사 결과도 나왔다. 미국 애리조나주립대학의 케리 세즈다 교수가 미국과 영국인 4000명을 대상으로 세포 배양육에 대한 태도를 조사한 결과, 응답자의 80%가 배양육 섭취에 대해 높은 수준의 개방성을 보였고, 40%는 적극적으로 시도해보겠다고 답했다. 젊은 세대일수록 더 개방적인 것으로 나타났는데, 39세 이하 응답자의 85%가 배양육을 먹어볼 의향이 있다고 말했다. 이 연구는 〈푸드〉 저널에 게재되었다.

한국인의 1인당 육류 소비량은 2000년 31.9킬로그램에서 2019년 54.6킬로그램으로 71% 급증했다. 1인당 쌀소비량이 2020년 57.7킬로그램이었으니 조만간 쌀보다 고기를 더 많이 먹는 나라가 될 듯하다. 이런 가운데 전 세계적인 대체육류시장의 성장세는 고기를 먹는 소비자들과 고기를 생산해온 축산농민 모두에게 숙제를 안겨주고 있다. 특히 축산업계는 책《육식의 종말》에 언급되는 공장식 축산이 아닌 경축순환농업, 곧 소의 분뇨를 퇴비로 만들어 작물을 기르고 볏짚과 쌀겨를 다시 소에게 먹이는, 어렵지만 꼭 가야 할 자원순환형 축산으로 탈바꿈이 필요한 시점이다.

불타는 지구,
우리 식탁이 위태롭다

갈수록 지구가 뜨거워지고 있다. 2021년부터는 확연하게 느낄 수 있었다. 동토의 땅 시베리아의 5월 기온이 39도를 넘어서더니 여름이 오자 지중해 휴양지들이 화마에 휩싸였다. 대형 산불은 그리스와 터키, 스페인, 포르투갈, 알제리, 모로코의 일부 지역을 강타했다. 미국 서부는 50도 가까운 불볕더위로 농사지을 물이 부족해 차떼기로 물을 훔쳐가는 물 도둑까지 등장했다. 체리가 그을리고 물고기들이 뜨거운 강에서 산 채로 익었다. UN은 코로나19 다음의 대재앙은 '기후변화 폭염'이라는 골자의 보고서를 내놨다. 그런데 이런 기후재앙들이 다름아닌 우리 집 식탁의 변화로도 이어지고 있다.

2021년 8월의 어느 날, 한식 백반을 먹다 이런 문구를 봤다.

"구인난과 식재료비 폭등으로 쌈 채소를 더 시키면 추가비용을 지불해야 합니다."

'아니, 식재료값이 얼마나 올랐기에?' 하는 생각이 스쳤다. 찾아봤다. 한국농수산식품유통공사의 2021년 8월 둘째 주 농산물 거래 동향 자료. 마늘의 경우 여름 생산량이 평년보다 5.3% 감소한 데다 재배 면적까지 줄어 7월 경매가는 전년 대비 33.8%, 평년 대비 40.6% 상승했다. 여름 과일인 수박은 폭염 피해에 따른 작황 부진과 출하 지연으로 평년에 비해 37.7%, 저온성 작물인 시금치는 폭염 피해로 일주일 전에 비해 무려 69% 올랐다. 상추와 얼갈이배추도 폭염으로 수량이 줄었다.

물론 전년보다 농사가 잘된 풋고추는 가격이 떨어졌고 고랭지 무와 배추도 평년과 엇비슷한 수준이었지만, 현장의 농민들은 확실히 농사짓기가 더 어려워졌다고 말한다. 밥상물가는 갈수록 올라가고 있다. 앞으로는 농산물 가격이 평년과 비슷한 수준을 유지하기만 해도 농민들에게 감사 인사를 드려야 하지 않을까?

정말 큰 문제는 국제 곡물가 상승

미국 농무부USDA는 2021년 7월 미국 6개 주 3600여 농가에서 봄밀(봄에 파종해 여름·가을에 수확하는 밀)의 생육 상태를 살펴본 결과 전체의 11%만 '좋음' 또는 '아주 좋음' 상태라는 충격적인 보고서를 발표했다. 전년도 같은 시기 조사에서는 69%가 '좋음' 또는 '아주 좋음'이었다. CNN 비즈니스는 가뭄 때문에 워싱턴 주에서 수확 중인 봄밀의 93%가 '나쁨' 또는 '매우 나쁨'이었다고 전했다. 한국농촌경제연구원에서 해외농업관측을 하고 있는 김지연 팀장은 미국산 봄밀이 생육 초기 전망보다 안 좋은 수확량을 보이고 있다며 밀 가격 상승에 대해 설명했다.

"밀의 경우 미국 봄밀이 생육 초기부터 가뭄 때문에 생산량 감소가 전망되었는데, 봄밀 재배지역에서 가뭄을 겪고 있는 지역의 비중이 99%로 조사되는 등 생육 상황이 더 악화되었습니다."(2021년 8월 인터뷰)

유엔식량농업기구FAO에 따르면 2021년 7월 세계 식량 가격은 전년 같은 달 대비 31% 상승했다. 컬럼비아대 지구연구소의 신시아 로젠츠바이크 선임연구원은 최근 발표된 IPCC 보고서를 인용해 "대 가뭄이 산업화 이전보다 70% 이상 더 자주 발생하고 있다"라면서 "기후위기로 전 세계 농부들이 받고 있는 피해가 우리 식탁에 영향을 미치고 있다"라고 언급했다.

김지연 팀장은 우리나라에 수입되는 3대 주요 곡물(밀, 옥수수, 콩) 가격의 동향을 이렇게 설명했다.

"국제 곡물가격이 작년 하반기부터 5월까지 옥수수를 중심으로 상승세를 보이다가 21년산 주요 곡물의 생산량 증가 전망으로 6~7월에 하락했습니다. 하지만 최근 미국 북서부 지역과 유럽 일부 주산지에서 가뭄이 지속되면서 생육 상황의 악화가 우려되어 밀 생산량이 하향 조정돼 밀을 중심으로 다시 가격이 올랐어요."(2021년 8월 인터뷰)

어떤 게 더 오르고 내릴지 예측하기 힘든 불확실성이 강화되고 있는 것이다. 참고로 우리나라의 식량자급률은 2019년 기준 45.8%(채소 포함)이며, 주요 곡물의 자급률은 콩 26.7%, 옥수수 3.5%, 밀 0.7%다.

곡물가 상승으로 직접적 타격을 입을 사람들은 '취약계층'

굶주림 하면 아프리카의 저개발 국가를 떠올리기 쉽다. 그런데 2021년 8월 9일자 영국 〈파이낸셜타임스〉는 지난해 유럽과 북미주 선진국에서 굶주리고 있는 사람들의 숫자가 UN이 집계를 시작한 2014년 이후 크게 늘어났다고 밝혔다. 2019년 조사에서는 전체 인구의 7.7%가, 2020년 조사에서는 전체 인구의 9% 가까이가 '어느 정도' 또는 '심각한' 식량 불안정에 처한 것으로 조사되었다. 코로나19로 인한 경제적 충격에 취약계층의 먹거리 빈곤이 더 심해졌다는 것이다. 앞으로 더 악화될 것이라는 견해도 나온다. 〈파이낸셜타임스〉와의 인터뷰에서 일리노이

대 농업·소비자경제학 크레이그 군데르센 교수는 "코로나19 팬데믹 상황보다 팬데믹 이후가 더 걱정"이라면서 "정부의 모든 부양책은 인플레이션을 이끌어 식량 가격을 치솟게 할 것이고 인플레이션이 높아지면 취약계층 가정에 엄청난 부담이 가해질 것"이라고 전망했다.

여기에 '기후위기'라는 변수까지 겹치면 불확실성은 더욱 커진다. 국제통화기금IMF의 경제학자 크리스티안 보그먼은 농산물 생산자 가격이 2008년 이래 가장 빠른 속도로 상승했다면서 선진국 식품소비자 가격이 2022년 말까지 평균 4.5% 포인트 오를 것으로 전망했다. 그는 여기에 올해 미국 곡창지대의 가뭄 등 기상 이슈들을 감안한다면 식품 가격이 얼마나 상승할지 현재로서 예측하기 어렵다고 덧붙였다.

우리나라도 먹거리 공공성 확대해야

먹거리 취약계층의 문제는 한국도 예외는 아니다. 요즘 같은 세상에 굶는 사람이 어디 있겠느냐는 사람들의 인식과 달리 2017년 발표된 한국농촌경제연구원의 조사 보고서에는 전체 가구의 8.2%, 수급자 가구 중 15.5%가 영양 섭취 부족자로 분류되는 것으로 나타났다.

이보희 먹거리연대 집행위원장은 코로나19 위기를 겪으며 그 비율은 더 늘어났고 기후위기가 현실화되고 있는 지금 먹거리 취약계층 문제는 더이상 간과할 수 없는 일이 되었다고 지적했다.

"사람들은 한국에 더이상 굶는 사람이 없다면서 다들 먹거리가 넘쳐난다고 생각하는데, 실제로 한국에서 굶는 사람을 포함해 먹거리를 충분하게 공급받지 못하는 사람이 해마다 늘고 있어요."

이 위원장은 먹거리의 '양'만이 아니라 '질'도 잘 살펴야 한다고 말했다.

"어떤 걸 먹느냐의 문제가 있어요. 건강한 음식을 먹어야 하거든요. 실제로 사회복지 쪽 통계를 보면 소득분위 제일 밑에 있는 분들이 고혈압, 비만, 당뇨 등 먹거리로부터 발생하는 질병에 상대적으로 많이 시달립니다. 가난할수록, 소득이 낮을수록 건강한 음식을 먹기보다는 가공식품에 의존하거든요."

해가 바뀌어 2022년 겨울이 되었는데도 여전히 국제 곡물가는 고공행진을 거듭했고, 안타까운 소식들은 계속 들려왔다. 숨진 채 발견된 신촌 모녀가 살던 원룸에는 쌀 2인분만 남아 있었다는 뉴스도 들렸다. 세상이 아무리 빨리 변해도 사람은 때가 되면 먹어야 한다. 잘 먹어야 행복하다. 그런데 기후변화로 먹을 게 녹록지 않게 되었다. 없는 사람은 그걸 더 빨리 느낀다. 먹거리 문제는 국가와 사회가 직접 챙겨야 하는 문제다. 경제발전 5

개년 계획처럼 국가 먹거리 5개년 계획, 10개년 계획을 세워 체
계적으로 실천에 옮겨야 한다.

비행기는 3년에 한 번만

기후변화 이슈를 취재하다 보면 이런 말을 듣는다. "우리가 아무리 분리수거 잘하고 텀블러 들고 다녀도 힘센 나라, 큰 기업들이 변하지 않으면 아무 소용 없다"는. 반은 맞고 반은 다시 생각해볼 말이다. 전 세계에서 부유한 10%가 온실가스의 약 50%를 배출한다는 옥스팜(국제구호기구)의 분석처럼 기후 문제는 개인을 넘어서는 사회구조적 문제이기도 하다. 하지만 그렇다고 텀블러 사용이나 분리수거 같은 개인의 실천이 폄하되면 곤란하다.

텀블러 쓰기. 실제로 해보면 결코 쉬운 게 아니라는 걸 알게 된다. 그리고 이런 작은 실천을 통해서도 다회용컵이나 일회용컵 보증시스템 등 새로운 자원순환 신기술과 시장이 개척될 수 있다는 걸 알 수 있다. 더 많은 사람이 더 다양한 실천에 참여할수록 그것이 소비문화가 되고 시장질서가 되어 기후대응 문제에서 정부나 기업의 변화를 이끌어낼 압박으로 작용할 수 있지 않을까. 그런 면에서 영국에서 공식화된 '점프Jump'라는 소비문화 캠페인은 주목해볼 만하다. 캠페인을 주도한 톰 베일리는 영국 노동당 탈탄소 에너지정책 개발에 참여한 녹색에너지 운동가다. 그는 정부와 기업의 시스템 변화를 촉구하는 운동도 중요하지만, 자신은 많은 사람이 실천할 수 있으면서도 거기에서 즐거움을 얻을 수 있는 새로운 기후 운동을 만들고 싶다고 말한다. 그래서 전문가들의 연구를 토대로 6가지 실천 주제를 내놓았는데, 이른바 '지구를 지키며 행복하게 살기 위한 6가지 생활의 전환'이다. 그 6가지는 다음과 같다.

- 채식 많이 하기(적정량의 식사로 음식물을 남기지 않고).
- 일 년에 새 옷 세 벌 이상 사지 않기.
- 전자 제품 최소 7년 쓰기.
- 단거리 비행은 3년에 한 번, 장거리 비행은 8년에 한 번 하기.
- 가능하면 승용차를 없애고, 그럴 수 없다면 지금 타는 차량을 더 오래 타기.
- 녹색에너지로 갈아타거나 주택 단열 등 최소 한 번 이상 삶의 전환을 실천하며 사회 시스템 변화에 '넛지' 하기.

이 가운데 한 가지라도 실천하면 좋은 출발이라고 한다. 영국 〈가디언〉은 리즈대학 등 세 연구 기관의 과학자들이 연구한 결과 부유한 나라 사람들이 어렵지 않게 동참할 수 있는 이 6가지만 제대로 실천해도 기후위기의 임계치인 1.5도 상승을 막을 수 있는 온실가스 배출 감소량의 약 4분의 1을 달성할 수 있다고 전한다. 생활 속 작은 실천이 큰 변화를 이끌어낼 수 있다는 말이다. 6가지 생활 습관의 변화에는 나름의 근거가 있다. 조금 더 자세히 소개하면 이렇다.

1. 녹색을 먹자 Eat Green

전 세계 온실가스 배출량의 25%는 식품 시스템에서 비롯된다. 연구자들은 이런 문제를 획기적으로 바꿀 수 있는 식습관으로 육식을 줄이고 채식 위주로 먹는 습관, 구입한 음식물을 다 먹는 습관, 건강에 좋은 적정량만 먹는 습관을 들여야 한다고 말한다. 식습관의 변화는 탄소중립만이 아니라 생물 다양성이나 토지이용 방식에도 영향을 준다.

2. 레트로를 입자 Dress Retro

의류와 섬유산업은 항공과 해운산업을 합친 것보다 더 많은 온실가스를 배출한다. 특히 한 번 입고 버리는 일회용 패션의 등장으로 그 추세는 더 가속화되고 있다. 저가 의류는 하천 오염을 유발하고 열악한 노동환경의 결과이기도 하므로 되도록 옷을 살 때는 중고 의류를 사고, 새 옷은 내구성 있고 오래 쓸 수 있는 품목으로 일 년에 세 벌로 제한할 것을 추천한다.

3. 잡동사니를 깔끔하게 정리하자End Clutter

스마트폰, 컴퓨터, 텔레비전 등 전자제품을 최소 7년 이상 쓸 것을 제안한다. 희토류 금속을 추출하고 이용하는 과정에서 많은 온실가스가 배출된다. 아이폰11의 경우 온실가스 배출량 중 13%만 사용 과정에서 나오고 나머지 86%는 생산, 운송, 폐기물 처리 과정에서 발생한다. 그럼에도 우리는 2년에 한 번꼴로 스마트폰을 신형으로 교체하는데, 전자제품의 최적 수명은 5~7년이다. 수리하거나 빌려 쓰거나 중고 제품 구매하기를 추천한다. 정말 필요할 경우 신형은 최소한으로.

4. 비행기는 3년에 한 번Fly no more than once every three years

영국에서는 전체 항공편의 70%를 15%의 인구만이 이용하고 있다. 타는 사람만 많이 탄다는 것이다. 관련 연구에 따르면, 2017년 1인당 전 세계 왕복 항공편 이용 횟수를 보면 평균 1~2년 사이에 한 번꼴로 단거리 비행을 하는 것으로 나온다. 이 횟수를 절반으로 줄여 단거리 비행은 3년에 한 번, 장거리 비행은 8년에 한 번꼴로 이용하면 배출량 감소에 큰 영향을 준다. 이 정도 횟수면 한 사람이 평생 15~20번 해외여행을 하는 수준이다.

5. 개인 차량은 없애자 Get rid of private vehicles

운송 분야는 전 세계적으로 온실가스 배출량의 약 4분의 1을 차지하고 있으며 이 중 3분의 2 이상이 도로 위 차량 엔진에서 발생한다. 용기가 있다면 승용차를 없애거나 그럴 수 없다면 지금 타는 차량을 더 오래 타거나 종종 대중교통을 이용하는 등 대안을 찾아보자. 전기 자동차도 주목받고 있지만, 차량 제조 과정에서 나오는 배출량을 감안해볼 때 도로 위 차량 수를 줄이는 노력이 중요하다.

6. 시스템을 바꾸자 Change the System

배출량 감소는 정부와 민간의 시스템 변화에 달려 있다. 시스템을 변화시키려면 최소 한 가지 이상 개인이 할 수 있는 실천을 해야 한다. 아이디어는 정말 많다. 녹색에너지 공급원으로 갈아타기, 주택 에너지 효율 개선하기, 윤리적 녹색금융 이용하기, 평화적 시위나 정치인에게 편지 쓰기 등이다. 개인의 변화가 모이면 엄청난 효과를 가져올 수 있다.

알아두면 '으쓱'한 기후 용어들

책을 마무리하며 기후용어 뜻풀이를 준비했다. 기후 분야 용어들이 워낙 빠르게 생겨나다 보니 헷갈리는 부분이 많다. 여기서는 많이 사용되는 용어를 중심으로 정리했다.

ESGEnvironmental Social Governance

환경, 사회, 지배구조의 영문 첫 글자를 조합한 단어로, 지속 가능한 기업 경영을 달성하기 위한 세 가지 핵심 요소다. 이탈리아의 유명한 파스타 기업 회장이 방송에서 동성애자 혐오 발언을 했다는 논란에 휩싸여 자사의 매출이 급감하자 기업 이미지 쇄신을 위해 전 직원이 무지개 팔찌를 차고 일하는 등 뼈를 깎는 노력으로 타격을 회복한 적이 있다. 우리나라에도 '땅콩 회항 사건'을 일으킨 기업이 큰 위기를 맞기도 했다. 이렇듯 기업의 사회적 책임성이 강화되는 흐름에서 ESG는 최근 기후환경과 관련한 각종 협약이나 투자 증진과 더불어 주목받고 있다. 환경은 기후변화 대응 및 탄소 배출 감축 노력, 각종 친환경 활동을 뜻하고, 사회는 기업의 사회적 책임을 강조한 것으로 최근 문제가 되고 있는 갑질, 개인정보 유출, 소비자 권리 존중, 인권 존중, 지역사회와의 관계 등을 말한다. 지배구조는 영화 〈베테랑〉에 나오는 재벌과 같은 구조를 가진 기업이 아닌 사외이사, 감사위원회 등이 제대로 작동하는, 반부패와 기업 윤리를 앞세우는 투명한 경영을 하자는 것을 말한다. ESG를 두고 한글문화연대에서는 '환경사회 투명경영' 혹은 '사회가치경영'이라고 부를 것을 제안하고 있다.

그린워싱 Green+White Washing

이른바 녹색 분칠이다. 곧 ESG를 내세우면 주목받거나 투자받기 좋으니 실제로는 친환경을 추구하지 않으면서 이미지만 친환경으로 가져가는 기업이나 기관, 일부 정치인의 행태를 꼬집는 말이다. 친환경 이미지로 경제적 이익을 보는 행위, 곧 위장 환경주의라는 뜻이다. 국제소비자보호집행기구ICPEN에서는 매년 그린워싱 예방 캠페인을 진행하며 영국 공정거래위원회CMA와 네덜란드 소비자시장당국ACM을 중심으로 전 세계 웹사이트의 위장 환경주의 실태를 파악해 발표한다. 조사에 따르면, 무려 40%에서 소비자가 오해할 수 있는 그린워싱 표현을 발견했다고 한다. 총 344개의 제품과 서비스를 분석했는데 128건에서 "친환경적인" "지속가능한" 과 같이 모호한 표현으로 오해를 불러일으킨 것이다.

EU 택소노미 EU Taxonomy

유럽연합 의회에서 만든 '녹색경제 분류체계'다. '택소노미 Taxonomy'는 분류체계라는 말인데, 여기서는 그냥 분류체계가 아니라 탄소중립을 위해 필요한 '지속가능 경제 활동'에 대한 분류체계라고 해서 '그린 택소노미Green Taxonomy'라고 부른다. 곧 그린 택소노미는 탄소중립을 지키는 지속가능한 경제활동이 무엇인지 정의를 내리고 수많은 녹색산업 중 어떤 분야가 친환경인지 분류해 그 분야로 더 많은 자본이 투입되도록 가이드라인을 제시하는 '투자의 물길' 역할을 하는 것이다.

택소노미의 칼자루는 현재 유럽연합이 쥐고 있다. 재생에너지 보급률(전체 에너지의 약 40% 수준)이나 관련 정책 면에서 가장 앞서는 데다 '택소노미'라는 개념을 세계에서 가장 먼저 도입했기 때문이다. 2020년 6월 유럽의회는 세계 최초로 '그린 택소노미' 관련 법안을 내놓았고 의결 과정을 거쳐 오는 2023년 1월 최종안을 확정하려 한다. 유럽의 결정으로 1조 유로, 우리 돈으로 약 1333조 원 규모의 기후변화 대응 투자 예산이 좌우된다고 한다. 또 유럽의 분류체계가 각국 택소노미에 영향을 끼친다고 할 때 여기에서 제외된 산업은 미래 투자 동력을 잃어버린다고 봐도 과언이 아니다. 최근 EU 택소노미에 원자력이 들어갔다고 해서 논란이 일기도 했다. 그러나 이는 명목상 들어갔을 뿐 실현하기 어려운 조건들로 가득 차 있어서 사실상 원자력은 택소노미에 발만 걸친 상태로 평가된다.

넷제로와 탄소중립

비슷해 보이는 개념이지만 다르다. '넷제로'는 온실가스의 배출량(+)과 흡수량(-)을 같도록 해 순Net 배출을 제로Zero로 만드는 것을 뜻한다. 온실가스는 1997년 12월 교토의정서에서 규정한 이산화탄소, 메탄, 이산화질소, 수소불화탄소, 과불화탄소, 육불화황 등 6가지다.

이에 비해 '탄소중립Carbon Neutral'은 6대 온실가스 중 이산화탄소CO_2 배출량에 관한 부분만 배출량(+)과 흡수량(-)을 같도록 해 순배출을 0으로 만든다는 개념이다.

COP27 Conference Of the Parties

UN의 기후변화협약을 이행하는 당사국들의 '최고 의사결정기구'다. UN 기후변화협약 당사국 총회로 국가를 대표하는 각국 대표단이 일 년에 한 번 모여 COP가 채택한 협약 및 기타 법적 문서의 이행을 검토하고 제도적·행정적 조치를 포함해 협약의 효과적 이행을 촉진하는 데 필요한 결정을 내린다.

매년 10~11월경 개최되는데, 2022년 27번째로 개최되었다고 해서 COP27이다. 개최지는 이집트의 세계적인 휴양도시 '샤름 엘 셰이크'였는데, 200여국의 대표단과 단체, 기업, 언론인 등 총 4만여 명이 참석했다. COP28은 아랍에미리트에서 열린다.

인류세

'인류세Anthropocene'란 인류를 뜻하는 'anthropos'와 시대를 뜻하는 'cene'의 합성어로, 인류로 인해 빚어진 지질시대라는 뜻이다. 지구의 지질시대 구분은 선캄브리아대로부터 시작해 최초의 육상생물이 출현한 고생대, 공룡 등 파충류가 번성한 중생대, 포유류가 번성한 신생대로 구분되고, 신생대는 더 세분되어 지금 우리가 사는 시대는 신생대 제4기 '홀로세'라고 한다. 2000년 2월 멕시코에서 열린 지구

환경 관련 국제회의에 참석한 노벨상 수상 대기과학자 파울 크루첸(네덜란드) 박사가 이런 선언을 했다. "우리는 이제 홀로세가 아니라 인류세에 살고 있습니다." 지금까지 각 지질시대를 구분하는 근원적 동력은 자연이었지만, 지금은 인류가 배출한 화석연료에 의한 탄소와 플라스틱, 핵실험으로 인한 방사능 낙진, 희토류 원소 등으로 환경이 바뀌고 있다는 문제의식으로 제안한 용어다. '인류세'를 정식 시대 규정으로 받아들일지는 논쟁 중에 있지만, 12개국의 과학자 30여 명으로 구성된 국제지질연합IUGS 산하의 '인류세 실무그룹AWG'은 2010년 무렵부터 인류세를 홀로세 다음의 새로운 시대로 인정하기 위한 연구를 진행하고 있다.

IPCCIntergovernmental Panel on Climate Change

'기후변화에 관한 정부 간 협의체'다. 기후변화에 대처하기 위해 세계기상기구WMO와 유엔환경계획UNEP이 1988년에 공동 설립한 국제기구로, 기후변화에 관한 과학적 규명에 기여하는 세계 과학자들의 과학적 협의체다. 여기서 발간하는 평가 보고서를 'ARAssessment Report'이라고 하는데, 이 보고서가 발표될 때마다 교토의정서, 파리기후변화협약 같은 역사적 협약들이 나온다. 정책 방향을 제시하고 유엔기후변화협약UNFCCC에서 정부 간 협상의 근거자료로 활용하고 있다.

- 제1차 평가 보고서('90)→유엔기후변화협약UNFCCC 채택('92)
- 제2차 평가 보고서('95)→교토의정서 채택('97)
- 제4차 평가 보고서('07)→노벨평화상 수상(앨 고어 공동 수상)
- 제5차 평가 보고서('14)→파리기후변화협약 채택('15)

온실가스 인벤토리

온실가스가 어디에서 얼마나 배출되는지 발생 원인별로 정리한 자료다. 국가나 지자체, 기업, 심지어 아파트 단지에서 탄소중립을 실천하려 한다면 우선 어디에서 얼마나 탄소가 나오는지 알아야 전략을 세울 수 있다. 그래서 중요한 것이 온실가스 인벤토리다. 그런데 현재 제대로 구축되어 있지 않다. 그만큼 많은 투자와 인력이 필요하다는 뜻이다. 작성 기간은 보통 2년이 걸리고 가장 많은 비율을 차지하는 에너지 배출량은 월 단위로 공표가 가능하다.

RE100

'Renewable Energy 100'의 약자로 2050년까지 기업에서 사용하는 전력의 100%를 재생에너지로 대체하자는 국제적 기업 간 협약 프로젝트다. 2022년 현재 380개 이상의 글로벌 기업이 협약에 가입했다. 애플, 구글, BMW, 이케아, 메타(페이스북), 마이크로소프트, 인텔, 에어비앤비, 3M, 샤넬, 듀

폰, GM, 존슨앤드존슨, 나이키, 스타벅스, 버버리, 이베이, 피앤지, 화이자, 랄프로렌, 엡손 등이다. 국내 기업으로는 삼성전자, SK그룹, LG엔솔(에너지솔루션) 등이 있다. 이들 회원사들이 2022년 한 해 동안 이용한 재생에너지 전력량은 420 테라와트시Twh로 영국 전체 전력 소모량의 세 배쯤 된다. 놀라운 것은 신규 회원의 60% 이상이 아시아·태평양 기업들이라는 점. 일본과 중국, 한국 기업들이 이 협약에 들어가려 하는 이유는 글로벌 고객사들의 요청 혹은 압력이 있어서다. 재생에너지를 사용하지 않으면 납품을 할 수 없다는 위기의식이 있는 것이다.

유명한 일화가 있다. 2020년 소니는 일본 정부에게 "일본은 재생에너지가 부족하고 너무 비싸다." "뭔가 해주지 않으면 일본을 떠날 수밖에 없다"라는 경고장을 날렸다. 애플이나 페이스북 같은 기업이 납품업체에 100% 재생에너지 사용을 요구하고 있기에 일본을 떠날 수밖에 없다는 메시지였다. 재생에너지 확보가 수출경쟁력이자 국익인 시대가 된 것이다.

비슷한 용어로 CF100이 있다. 'Carbon Free 100%'의 줄임말로 100% 재생에너지만 사용하자는 RE100이 버거운 기업들을 위해 원자력이나 수력도 무탄소 에너지원으로 허용해준다는 캠페인이다. 한국 실정에는 조금 더 맞는 것 아니냐는 말도 나오고 있지만 RE100에 비해 현실적 무게감은 좀 떨어진다.

블루카본 Blue Carbon

플랑크톤이나 맹그로브숲 같은 전 세계 해양생태계의 작용으로 탄소가 흡수되는 것을 말한다. 육지에서는 나무가 이산화탄소를 흡수해 광합성을 하듯 바다에서는 플랑크톤이 이산화탄소를 흡수한다고 한다(육지보다 10배 이상 많음). 천연 탄소 흡수원으로 지구의 탄소가 순환하는 데 매우 중요한 역할을 한다. 더구나 한번 흡수한 탄소는 해수면에서 심해로 이동하고 수천 년간 저장된다. 바다는 대기 내 탄소량의 50배 이상, 지표의 모든 초목과 토양, 미생물 전체에 저장된 탄소 총량보다 10배 이상의 양을 저장하고 있다. 국제적으로 인정되는 블루카본은 플랑크톤, 크릴, 고래상어 그리고 육지와 바다가 만나는 곳에 있는 맹그로브숲 등인데, 한국 해양수산부에서는 갯벌 생태계를 블루카본으로 추진하는 연구를 진행하고 있다. 다시마나 미역 등도 흡수원인데, 핵심은 흡수한 탄소를 얼마나 심해에 가둬둘 수 있는지에 달려 있다.

기후정의Climate Justice

기후변화가 사회경제적으로 열악한 사람들에게 사회적, 경제적, 의료적으로 좋지 않은 영향을 더 많이 미칠 수 있음을 인정한다는 뜻이다. 부유한 사람은 기후가 변해도 어떻게든 살아가지만 그렇지 않은 사람은 치명타를 입는 현실에 기인한 것이다. 기후정의를 지지하는 사람들은 기후변화를 막고 변화된 기후에 적응하는 장기적 전략을 추진하는 과정에서 이런 불평등 문제를 다루기 위해 애쓰고 있다.

ESSEnergy Storage System

에너지 저장 시스템을 말한다. 곧 ESS는 원하는 시간에 전력을 생산하기 어려운 태양광이나 풍력 같은 신재생에너지를 미리 저장했다가 필요한 시간대에 사용할 수 있도록 해주는 저장 장치다. 일반 가정에서 사용되는 건전지나 소형 배터리도 전기에너지를 다른 에너지로 변환해 저장하고 있지만, 일반적으로 우리가 부르는 ESS는 수백 킬로와트 이상의 전력을 저장하는 단독 시스템을 뜻한다.

NDCNationally Determined Contributions

국가 온실가스 감축 목표다. 파리기후변화협약에 따라 참가국이 스스로 정하는 국가 온실가스 감축 목표로 한국은

2030년까지 2018년 총 배출량 대비 40%를 줄이겠다고 설정했다. 그러나 현 정부는 너무 과한 목표라며 하향 조정을 추진하고 있다. 주요국의 2030 NDC를 비교하면 이렇다.

EU: 1990년 대비 최소 55% 감축.

영국: 1990년 대비 68% 감축.

미국: 2005년 대비 50~52% 감축.

캐나다: 2005년 대비 40~45% 감축.

일본: 2013년 대비 46% 감축.

CDP Carbon Disclosure Project

탄소정보공개프로젝트를 주도하는 국제 비영리단체다. 영국, 일본, 인도, 중국, 독일, 미국에 기반을 둔 이곳은 기업과 도시가 환경에 미치는 영향을 공개할 수 있도록 지원한다. 환경 보고 및 위험관리를 비즈니스 표준으로 만들고 지속가능한 경제를 향한 공개, 통찰력 및 행동을 주도하는 것을 목표로 한다.

TCFD Task Force on Climate related Financial Disclosures

기후변화 재무정보공개 전담협의체다. 앞으로 기후변화를 고려하지 않는 투자는 기업에게는 가까운 미래에 직접적 재무위험으로 돌아온다. 또 투자자와 소비자는 피해를 보게 된다. 따라서 이에 대응하려면 정보공개가 필수다. 이에 G20 재무장관과 중앙은행 총재가 금융안정위원회FSB에 자료 공개 가이드라인을 요청하며 2015년 12월 기후변화와 관련된 재무공시 태스크포스인 TCFD가 탄생했다. TCFD 권고안은 지배구조, 경영전략, 위험관리, 지표와 목표 설정이라는 틀로 만들어졌는데, 전 세계 55개국의 1057개 금융 및 비금융 기관의 지지를 받고 있으며, 특히 유럽 지역에서 도입 논의가 가장 활발하다.

1장 기후 미스터리

20년 차 양봉 농민이 전하는 '꿀벌 실종사건 전말'

권민지, "꿀벌 에이즈에 폭염, 농약까지… 위기의 꿀벌 세계", 국민일보, 2021년 7월 21일.

김경문 등, 〈아카시아 벌꿀의 연간 생산량 현황과 환경 요인 분석〉, Journal of Apiculture, 2021년 36(1): 11~16쪽.

"전국 양봉농가 월동 꿀벌 피해 민관 합동 조사 결과", 농촌진흥청 보도자료, 2022년 3월 11일.

조홍섭, "꿀벌 진드기는 피 아닌 '간' 빤다, 50년 만에 잡힌 오류", 한겨레, 2019년 1월 15일.

피서지에서 생긴 일

"Galerne a Biarritz et tempete a Villers-sur-Mer: meme phenomene?", Meteo-Paris.com, 2022년 6월 21일.

"Yellowstone National Park is open at 3 of 5 entrances; northern end still closed", OregonLive, 2022년 6월 22일.

Alyssa McMurtry, "Zamora wildfire 'biggest disaster' of this century in Spanish province", Anadolu Agency, 2022년 6월 19일.

Graeme Massie, "Death Valley tourist dies walking for petrol in extreme heat that hit 50 degrees", Independent.ie, 2022년 6월 19일.

Michael Poland, "How might floods in Yellowstone National Park influence seismic and hydrothermal activity?", Idaho Capital Sun, 2022년 6월 21일.

Renee Duff, "Paris may break all-time June record as heat wave bakes Western Europe", UPI, 2022년 6월 17일.

영국 총리를 바꿔버린 11장의 슬라이드

"Revealed: The 11slides that finally convinced Boris Johnson about global warming", Carbon Brief, 2022년 2월 1일.

김백민, "지구온난화는 조작되었다? 지구온난화의 불편한 진실", 유튜브 채널 '하우투', 2021년 8월 26일.

김상욱, "지구 온난화의 주범은 '인간'일까 '태양'일까? 과학적 팩트로 알아보는 기후위기의 핵심", 유튜브 채널 '사피엔스 스튜디오', 2022년 1월 21일.

김정수, "기후변화 부인하던 존슨 총리를 바꿔 놓은 11장의 슬라이드", 한겨레, 2022년 2월 13일.

사과 월북 사건

농촌진흥청, "온난화로 미래 과일 재배 지도 바뀐다 – 기후변화 시나리오 반영한 6대 과일 재배지 변동 예측", 2022년 4월 13일.

한겨울의 산불, 지구 종말 같았다

"Costco evacuation due to Marshall Fire", 9NEWS 유튜브, 2021년 12월 31일.

"RAW: Guests evacuate Superior Chuck E. Cheese as grass fire moves closer", 9NEWS 유튜브, 2021년 12월 31일.

"Video shows multiple homes catching fire just south of Superior", Denver7 유튜브, 2021년 12월 31일.

"美 콜로라도주 산불, 역대 최대 피해", KBS, 2022년 1월 4일.

Jessica Seaman, "Colorado's Marshall fire: Climate change and growing population led to disaster in Boulder County, scientists say", The Denver Post, 2021년 12월 31일.

Joanna Walters, "Colorado wildfire: three feared dead and hundreds of homes destroyed as Biden declares disaster", The Guardian, 2022년 1월 2일.

동해안 산불, '온 산이 불쏘시개'

"올해 발생 산불 피해 면적 2만 4000ha, 여의도 면적 85배", 소비자를 위한 신문, 2022년 10월 14일.

"임업선진국의 산림자원관리현황 – 일본, 독일, 미국, 오스트리아, 뉴질랜드", 국립산림과학원 연구자료 제916호.

Seyed Ataollah Hosseini, etc, "The Effect of Forest Road Distance on Forest Fire Severity"(Case Study: Fires in the Neka County Forestry), Ecopersia, 2016년 4(2), 1331~1342쪽.

"숲 가꾸기로 대형산불 사전에 예방한다", 산림청, 2021년 4월 15일.

대형 산불로부터 거인 나무를 지켜낸 비결

Ashley Harrell, "Yosemite's Mariposa Grove will survive Washburn Fire, says park's forest ecologist", Sfgate, 2022년 7월 11일.

Bill Chappell, "Here's Why Firefighters Are Wrapping Sequoia Trees In Aluminum Blankets", NPR, 2021년 9월 20일.

Wynne Davis, "Wildfire near Yosemite National Park threatens its largest grove of sequoia trees", NPR, 2022년 7월 11일.

2장 답을 찾는 사람들

답은 우리 발밑에 있었다

"4 PER 1000" 국제이니셔티브 누리집(www.4p1000.org).

Alayna DeMartini, "Rattan Lal: Our Soils Rock Star", 오하이오주립대학 농식품환경대학 CFAES 누리집, 2018년 6월 6일.

Chris Struck, "WWC20-Matthiasson, Napa Valley", Jancis Robinson, 2020년 9월 16일.

Dan Charles, "A Prophet Of Soil Gets His Moment Of Fame", NPR, 2020년 8월 11일.

Eric Asimov, "In Napa Valley, Winemakers Fight Climate Change on All Fronts", The New York Times, 2020년 2월 27일.

Jelisa Castrodale, "California's Glass Fire Has Destroyed At Least 19 Napa Valley Vineyards, Wineries, and Restaurants", Food&Wine, 2020년 10월 2일.

Judith D. Schwartz, "Soil as Carbon Storehouse: New Weapon in Climate Fight?", Yale Environment 360, 2014년 3월 4일.

Lauren Sommer/KQED, "California's Latest Weapon Against Climate Change is Low-Tech Farm Soil", NPR, 2019년 5월 2일.

Rattan Lal, et al. "Soil Carbon Sequestration Impacts on Global Climate Change and Food Security", Science 304, 2004년, 1623~1627쪽.

Valerie Payn, "Why your life depends on healthy soil", Greentimes, 2016년 5월 9일.

김동엽, 이창환, "토양 탄소의 저장과 지구온난화 방지", 한국과학기술정보연구원 2005 Tech-Issue Emerging S&T Report, 2005년 12월.

매티아슨 와이너리 누리집(www.matthiasson.com).

캘리포니아 기후&농업 네트워크 누리집(www.calclimateag.org).

캘리포니아 기후투자 누리집(calclimateinvestments.ca.gov).

캘리포니아 농식품부 누리집 중 "건강한 토양 프로그램Healthy Soils Program".

농민과학자는 봄이 와도 밭을 갈지 않는다

"고추 무경운 재배기술 개발 공로로 정부 근정포장 수상", 완도농업기술센터 홈페이지, 2011년 12월 29일.

"탄소 중립을 위한 농업 분야 주요 과제", 대통령 직속 농어업·농어촌 특별위원회 유튜브 채널, 2021년 3월 24일.

Gabe Brown, "Dirt to Soil-One Family's Journey into Regenerative Agriculture", Chelsea Green Publishing, 2018년 10월 11일.

Jeff Turrentine, "How Did Farmer Brown Bring His Dying Land Back From the

Brink?", onEarth, 2018년 9월 28일.

게이브 브라운의 농장 홈페이지(http://brownsranch.us).

서상현, "최소 경운 모내기로 온실가스 감축", 한국농어민신문, 2020년 6월 2일.

양승구, "무경운 농업 혁명은 가능할 것인가–시설농업 무경운 유기재배 중심", 한국
무경운농업연구회 홈페이지, 전라남도농업기술원 발표자료.

꽃 사진 한 장 찍어 보내도 훌륭한 기후대응이 된다

FruitWatch 시민참여 웹사이트(https://bit.ly/3wLHP8j).

Helena Horton, "Plum job: UK public asked to track fruit trees for climate
study", The Guardian, 2022년 3월 19일.

나무를 심는 사람, '제이슨 므라즈'

Jason Mraz, "Save South Morro Hills Farming", Mraz Family Farms, 2019년 11월
6일.

Lorenzo Brenna, "'The Soil Story', told by Jason Mraz", Lifegate, 2015년 9월 1일.

Margaret Badore, "Jason Mraz Is Serious About Growing His Own Food",
Treehugger, 2019년 3월.

Tayler, "83: Jason Mraz Part2: Farming on the Road", The Urban Farm, 2016년 5
월 26일.

다큐멘터리 영화 〈대지에 입맞춤을Kiss the Ground〉 공식 누리집.

제임슨 므라즈 페이스북.

크리스티나 피게레스, 《한배를 탄 지구인을 위한 가이드》, 김영사, 2020년.

10분간의 어둠 체험

"Earth Day Action Starts at Your Dinner Table", 미국 플로리다 주 오렌지카운티
정부 누리집, 2022년 4월 18일.

"The History of Earth Day", EARTHDAY.ORG.

Tori B. Powell, "Test your Green IQ: 10 Earth Day facts that might surprise you",
CBS, 2022년 4월 19일.

강경록, "롯데월드, 지구의 날 맞아 친환경 캠페인 확대", 이데일리, 2022년 4월 18일.

고상우, "마녀공장, 지구의 날 맞아 '꿀벌을 위한 도시숲' 캠페인 진행", 스냅, 2022년

　　4월 19일.

구미현, "동서발전, '탄소중립주간' 운영… 온실가스 줄이기 실천", 뉴시스, 2022년 4
　　월 19일.

김두환, "'지구를 위한 착한 소비' 교보생명 광화문글판, 친환경 가방으로 재탄생", 청
　　년일보, 2022년 4월 18일.

이현찬, "김해시, 지구의 날 맞아 기후변화주간 운영", 뉴스경남, 2022년 4월 19일.

한영선, "코레일유통, 지구의 날 다양한 친환경 캠페인 전개", 머니S, 2022년 4월 19일.

국사봉 중학교의 수학시간

"연립방정식으로 우리집의 탄소배출량을 계산해 볼 수 있다면?(국사봉중학교 환경
　　교육 사례)", 한국에너지정보문화재단 유튜브채널, 2021년 6월 10일.

"학교 탄소중립 실현을 위한 국제 컨퍼런스", 충청북도 교육청, 2022년 3월 23일.

최소옥, "마을과 함께하는 햇빛학교 프로젝트", 학교 탄소중립 실현을 위한 국제컨퍼
　　런스 PPT자료집, 2022년 3월 22일.

3장 에너지 전환

독일은 '탈원전', 한국은 '탈탈원전'?

"Germany rules out extending lifespan of its nuclear facilities", PowerTechno-
　　logy News, 2022년 3월 9일.

"희망이 아니라 숙제만 남긴 대선, 이제 시민이 나설 차례", 녹색연합, 2022년 3월 10일.

Markus Wacket, "Germany aims to get 100% of energy from renewable sources
　　by 2035", Reuters, 2022년 2월 28일.

전준범, "탈원전 중단, 신재생 속도 조절… 에너지 정책 바뀐다", 조선일보, 2022년 3
　　월 10일.

텍사스 정전 사태의 진실

Camila Domonoske, "No, The Blackouts In Texas Weren't Caused By Rene-
　　wables, Here's What Really Happened", NPR, 2021년 2월 18일.

Dionne Searcey, "No, Wind Farms Aren't the Main Cause of the Texas Blackouts", The New York Times, 2021년 2월 17일.

H. J. Mae, "White House Adviser Says Texas Outages Show How U. S. Is Unpre-
pared For Climate Change", NPR, 2021년 2월 18일.

Maanvi Singh, "'California and Texas are warnings': blackouts show US deeply
unprepared for the climate crisis", The Guardian, 2021년 2월 19일.

Ryan Wood, "No, wind and solar power are not the main causes of Texas'
power outages despite Gov. Abbott's claim on Fox News VERIFY", WFAA,
2021년 2월 17일.

"전쟁에 대비해 설계된 원자로는 없다."

Hannah Northey, Peter Behr, "'Grave concern.' Invasion puts spotlight on
Ukraine nuclear reactors", E&E News EnergyWire, 2022년 2월 25일.

James M. Acton, "The Most Immediate Nuclear Danger in Ukraine Isn't Cher-
nobyl", Carnegie Endowment for International Peace, 2022년 2월 24일.

김정수, "원전이 미사일·항공기 공격에도 끄떡없었다고?", 한겨레, 2021년 3월 12일.

박근태, "러, 우크라이나 침공 불구 체르노빌 원전 무사… 전투 휘말리면 1986년 재
앙 재현 우려", 동아사이언스, 2022년 2월 27일.

우리 10년 뒤에 뭐 하고 있을까?

Sharon Wilfong, "In-Demand Green Jobs in California", BestColleges.com, 2022
년 8월 17일.

윤순진, "기후의 변화, 일자리의 패러다임이 바뀐다", KBS1 〈빅 체인지 2030〉, 2022년
11월 27일.

4장 문명의 전환

싸이님, '흠뻑쇼'를 이렇게 바꿔보면 어떨까요?

조혜윤 등, 〈도시지역 빗물의 수질 특성 및 이용 가능성 연구〉, 서울특별시 보건환경
연구소보 제54호, 2018년, 252~271쪽.

콜드플레이의 지속가능성 이니셔티브 누리집(https://sustainability.coldplay.com).

물티슈가 플라스틱이라는 걸 나는 왜 몰랐을까?

Jonathan Wattsand, Rebecca Smithers, "From Babies' bums to fatbergs: how we fell out of love with wet wipes", The Guardian, 2018년 5월 11일.

Tiffany Kary, "In Fatberg Fight, NYC Goes to War Against Flushable Wipes", Bloomberg, 2019년 3월 15일.

경기도청, "경기도민 76%, 플라스틱 원재료 물티슈 일회용품 규제 찬성", 경기도, 2021년 1월 30일.

김종화, "물티슈는 플라스틱으로 만든 화장품?", 아시아경제, 2020년 2월 4일.

정윤섭, "미국 화장지 사재기 여파… 하수처리 시스템 경고음", 연합뉴스, 2020년 3월 21일.

크리스마스 선물로 레고를 추천하지 않는 이유

Gwendolyn Smith, "Why reusable cloth could consign Christmas gift wrap to the bin", The Guardian, 2020년 11월 15일.

Rebecca Smithers, "Dreaming of a green Christmas? Here's how to make it come true", The Guardian, 2019년 12월 16일.

Renee Cho, "How Buying Stuff Drives Climate Change", State of the Planet, 2020년 12월 16일.

국가환경교육센터, "친환경으로 포장된 추석 선물세트", 환경교육포털, 2020년 10월 8일.

김민제, "코로나 시대의 택배 쓰레기 홍수, 해법 떠오른 다회용 포장", 한겨레, 2020년 11월 17일.

김은경, "착한 포장 공모전 최우수상에 롯데칠성의 '라벨 없는 생수병'", 연합뉴스, 2020년 11월 16일.

김채영, "레고, '플라스틱은 안녕'… 블록까지 친환경으로", 뉴시스, 2022년 8월 22일.

남혜현, "레고, 세계 최대 타이어 제조사 등극?", 지디넷코리아, 2012년 4월 5일.

박수지, "설 선물세트, 이제 '노 플라스틱'이 대세?", 한겨레, 2021년 1월 20일.

오현태, "코로나 집콕에 '인쇼·배달'은 승승장구… 포장 쓰레기는 첩첩산중", KBS, 2020년 9월 3일.

조윤경, "면세점 뽁뽁이 - 백화점 PP완충재 그만", 동아일보, 2020년 1월 7일.

황찬익, "바닷물에서 1300년 넘게 유지된다는 '이것'", 위키트리, 2020년 3월 19일.

그 많은 테이크아웃 용기들이 바다로 간다

Carmen Morales – Caselles 외 25인, "An inshore – offshore sorting system revealed from global classification of ocean litter", Nature Sustainability volume 4, 2021년, 484~493쪽.

Damian Carrington, "Takeaway food and drink litter dominates ocean plastic, study shows", The Guardian, 2021년 6월 10일.

식목일에 대한 발상 전환

"국민의 96.6%, '기후변화 대응에 나무 심기가 중요.'", 산림청, 2021년 3월 31일.

김재현·류수현, "기후변화에 4월 나무 심기는 옛말… '식목일 3월로 옮겨야'", 한국일보, 2022년 4월 5일.

최유·안동만·이재원, 〈강원지역 대형 조경수 서울 이식에 따른 탄소 배출 연구〉, 한국조경학회지 41(4): 10~16, 2013년 8월.

채식급식하는 날은 매점 가는 날이라는데

"기후위기 대응을 위한 경기도 녹색전환 10대 정책", 녹색전환연구소, 2022년 3월 18일.

김지혜, "채식급식일 잔반 30~40% 느는데… 인천시교육청, '채식급식' 도입 논란", 경기일보, 2022년 2월 6일.

배상철, "강원도교육청 채식급식 도입 속도… 찬반 여론 팽팽", MS투데이, 2022년 3월 9일.

조기원, "프랑스 리옹시, 학교 급식 '고기 제외' 논란… 정치 공방으로 번져", 한겨레, 2021년 2월 23일.

치킨과 햄버거의 미래

Clara Rodriguez Fernandez, "'Meat' the Founder behind the Lab-Grown Burger Investors are Queuing for", labiotech.eu, 2017년 4월 24일.

Damian Carrington, "Lab-grown meat firms attract sixfold increase in investment", The Guardian, 2021년 5월 11일.

Elie Dolgin, "Will cell-based meat ever be a dinner staple?", Nature, 2020년 12월 9일.

Henry Fountain, "Building a $325,000 Burger", The New York Times, 2013년 5월 12일.

Mariko Oi, "Singapore approves lab-grown 'chicken' meat", BBC, 2020년 12월 2일.

Michael Pellman Rowland, "Memphis Meats Raises $161 Million In Funding, Aims To Bring Cell-Based Products To Consumers", Fobes, 2020년 1월 22일.

곽노필, "빠르게 성장하는 대체육 시장… '쇠고기 사묵겠지' 옛말 될까", 한겨레, 2021년 4월 5일.

〈대체 단백질 식품 트렌드와 시사점: 푸드테크가 여는 새로운 미래〉, 한국무역협회 연구보고서, 2021년 5월 6일.

민병진, "가짜고기 위협, 어떻게 대응해야 하나/간담회 지상중계", 축산신문, 2021년 4월 14일.

정민국·김현중·이형우, 〈육류 소비행태 변화와 대응과제〉, 한국농촌경제연구원 연구보고 R913, 2020년 10월.

불타는 지구, 우리 식탁이 위태롭다

"주요 농산물 주간거래동향", 한국농수산식품유통공사, 2021년 8월 15일.

E. Terazono "Pandemic plunges families into food poverty in world's rich economies", Financial Times, 2021년 8월 9일.

Mattt Egan, "Get used to surging food prices: Extreme weather is here to stay", CNN Business, 2021년 8월 13일.

강명윤, "기후위기로 전 세계 식량 가격 급등한다", 더나은미래, 2021년 8월 17일.

김은광, "팬데믹에 선진국 시민도 식량위기", 내일신문, 2021년 8월 10일.

이계임 등 〈정부의 취약계층 농식품 지원체계 개선방안〉, 한국농촌경제연구원 연구보고, 2017년 10월.

채윤태, "'신촌모녀' 숨진 원룸, 냉장고엔 케첩·고추냉이·물 뿐…", 한겨레, 2022년 11월 15일.

비행기는 3년에 한 번만

"JUMP launches Research: The Power of People", Jump, 2022년 3월 7일.

Matthew Taylor, "Six key lifestyle changes can help avert the climate crisis, study finds", The Guardian, 2022년 3월 7일.

Matthew Taylor, "Six promises you can make to help reduce carbon emissions",
The Guardian, 2022년 3월 7일.

오늘의 기후

1판 1쇄 펴냄 2023년 03월 10일
1판 2쇄 펴냄 2023년 11월 25일

지은이 노광준
펴낸이 천경호
종이 월드페이퍼
제작 (주)아트인
펴낸곳 루아크
출판등록 2015년 11월 10일 제2021-000135호
주소 10881 경기도 파주시 회동길 480, 아트팩토리 NJF B동 233호
전화 031.998.6872
팩스 031.5171.3557
이메일 ruachbook@hanmail.net

ISBN 979-11-88296-64-4 03300